地域文化视域下的高中历史核心素养培育研究

余耀强／著

吉林大学出版社

·长春·

图书在版编目（CIP）数据

地域文化视域下的高中历史核心素养培育研究 / 余耀强著. -- 长春：吉林大学出版社，2022.7
ISBN 978-7-5768-0067-8

Ⅰ.①地… Ⅱ.①余… Ⅲ.①中学历史课 – 教学研究 – 高中 Ⅳ.①G633.512

中国版本图书馆CIP数据核字(2022)第137314号

书　　　名：	地域文化视域下的高中历史核心素养培育研究
	DIYU WENHUA SHIYU XIA DE GAOZHONG LISHI HEXIN SUYANG PEIYU YANJIU
作　　　者：	余耀强　著
策划编辑：	矫　正
责任编辑：	矫　正
责任校对：	田茂生
装帧设计：	雅硕图文
出版发行：	吉林大学出版社
社　　　址：	长春市人民大街4059号
邮政编码：	130021
发行电话：	0431-89580028/29/21
网　　　址：	http://www.jlup.com.cn
电子邮箱：	jldxcbs@sina.com
印　　　刷：	天津和萱印刷有限公司
开　　　本：	787mm×1092mm　　1/16
印　　　张：	11.5
字　　　数：	150千字
版　　　次：	2023年5月　第1版
印　　　次：	2023年5月　第1次
书　　　号：	ISBN 978-7-5768-0067-8
定　　　价：	68.00元

版权所有　翻印必究

前　言

　　文化和教育是相辅相成，有机统一的整体。文化是教育的来源，教育是文化的目的和归宿。地域文化作为中华传统文化的重要组成部分，在继承和弘扬中华民族优秀传统文化、培育和践行社会主义核心价值观的时代背景下，其所具有的独特意义与价值日益受到重视。

　　首先，地域文化可以丰富人的体验。教育机构受地域性人文特征和自然环境特性的影响，带有浓厚的地域文化烙印。因此，不同地区的学校表现出不同的校园文化氛围，例如教育目标、教育风格、教学活动等，这将直接带给学生不同的文化体验。其次，地域文化可以培养学生的社会性。课程是完成教育目标的重要方式途径，课程也会带有不同程度的地域性。地域文化来自历史文化的长期涵养，对地方性的文化内涵和内在气质的塑造有着重要影响，并潜移默化地渗透进社会的方方面面。在教学中若能适当、适量运用地域文化进行教学，可以让学生增强对地域文化的亲切感，将课程和日常生活紧密相连，达到学以致用的效果。最后，地域文化可以促进人格的形成。地域文化是连接学生学习生活和日常生活的桥梁，其认知的方式、顺序等寓于地域文化之中，学生对地域文化的学习可以增强对地域历史文化的认知，体会文化背后的内涵，体会地域教育的作用，形成对地域文化的认同感和为地域发展贡献力量的责任感，激发潜在的文化创新能力。根据空间位置和文化对世界进程的影响可将世界地域文化划分为：古埃及文化、古印度文化、古中国文化、古代两河流域文化、阿拉伯文化、古希腊罗马文化和玛雅文化。在中国，根据地理环境和社会经济的不同将中国地域文化划分为：中原文化、齐鲁文化、吴越文化、巴蜀文化、岭南文化、闽南文化等。

人的成长极具地域属性，地域环境在潜移默化中深刻影响着每一个人的成长，在他们的成长轨迹上刻上深深的烙印。地域文化资源让学生感受到最真实的文化经验，深深扎根于学生最直接的文化情怀，牵动学生最深处的文化记忆，真正让学生在个性飞扬中全面发展。2001年，我国教育部印发的《基础教育课程改革纲要（试行）》（教基〔2001〕17号）提出："为保障和促进课程对不同地区、学校、学生的适应性，实行国家、地方和学校三级课程管理。"[①]2003年颁行的《普通高中历史课程标准（实验）》提出："通过历史学习，进一步了解中国国情，热爱和继承中华民族的优秀文化传统，弘扬和培育民族精神，激发对祖国历史与文化的自豪感，逐步形成对国家、民族的历史使命和社会责任，培养爱国主义情感，树立为祖国现代化建设、人类和平与进步事业做贡献的人生理想。"[②]2017年，《普通高中历史课程标准》提出了历史学科的核心素养，重点强调家国情怀的重要性，提到要培养学生对家国的认同感，可以通过开发地方乡土历史资源课程来进行培育。课外课程资源的开发，如"历史遗迹、遗址、博物馆、纪念馆、展览馆、档案馆、爱国主义教育基地等，又包括人力资源，如社会各方面的人员。"[③]

历史学科核心素养从唯物史观、时空观念、史料实证、历史解释和家国情怀等五个方面规定了高中历史学科新的课程目标，成为教师在教学过程中制订教学目标的重要依据。历史学科核心素养从五个方面提出了历史学科应该发挥怎样的教育价值，确认了中学历史教育的育人目标，回答了学校历史教育应该培养怎样的学生的问题。应当说，核心素养的五个方面较之前的知识与能力、过程与方法、情感态度与价值感的三维目标更加详细，更能体现出学科的特征和本质。然而，这也对新时代的历史教育提出了新的挑战。

---

① 教育部关于印发《基础教育课程改革纲要（试行）》的通知_2002年第12号国务院公报_中国政府网[EB/OL]. http://www.gov.cn/gongbao/content/2002/content_61386.htm.
② 中华人民共和国教育部制定. 普通高中历史课程标准（实验）[M]. 北京：人民教育出版社，2003：3.
③ 中华人民共和国教育部制定. 普通高中历史课程标准（2017）[M]. 北京：北京师范大学出版社，2017：69.

要实现核心素养从文本理论到在课堂上促进学生发展，关键还是在于教学，在于历史教师以怎样的方式方法对学生进行历史教育，在于学生在接受学校历史教育的过程中能够得到怎样的发展，最关键的还是在于核心素养如何实现。历史学科核心素养是课程目标，课程目标不能够直接被学生获得，学生是通过教师采取的教学方法、教学模式达到教学目标，进而逐步实现课程目标的。

本书从地域文化视角出发，以广东省清远市梓琛中学历史核心素养培育的特色课程建设为例，探讨在高中阶段如何通过历史学科的教学提升学生的历史核心素养，促进学生形成适应个人终身发展和社会发展需要的必备品格和关键能力，完成高中阶段的学习，建立与大学阶段学习与素养的培养具有连续发展性的过渡联系，从而使学生实现自我价值，培养学生全面发展。

本书采用文献研究法、归纳分析法，对地域文化融入高中历史课堂教学进行了实践与理论研究。全书共分七章，分为总述、分述、案例三个部分。从地域文化资源一般理论和高中历史学科中核心素养培育的相关概述着手进行总述；进而分别从主要内容与培育途径两个方面探讨高中历史学科中唯物史观和时空观念的培育；在此基础上，从地域文化视角分述如何培育高中生的史料实证素养、历史解释素养和家国情怀素养；最后，结合清远市地域文化，以清远市梓琛中学历史核心素养培育的特色课程建设为案例，探讨将地域文化合理应用到教学活动中，提高高中历史课堂教学效率，真正达成高中历史教学目标，全面提升学生的综合能力。

于学校而言，培养学生全面发展是其基本使命。每个人作为独立、互不相同的个体，其全面发展也应和而不同。我国幅员辽阔，各地文化百花齐放，重庆的川渝文化、福建的闽南文化以及山东的齐鲁文化等，让中华民族文化绚烂多彩。地区文化的多样性也表明中国各地学生的成长环境极具差异性。为了每一位学生全面发展的需要，在共性的基础上，每一地区、每一学校也应注重差异性。由此，结合学校区域位置的资源与特征，利用地域文化资源开发相应的校本课程对学生的全面发展有着不可替代的作用。这正是本书研究的宗旨。

希望本书的研究能够激发学生学习历史学科的学习兴趣，并有利于教师自身专业素养的提升，对指导历史教学和提升学生历史水平能够起到一定的现实意义。由于篇幅所限，也因笔者研究水平有限，本书尚存在许多不足，如未涉及国外高中历史课教学的经验借鉴。在以后的教学工作中，笔者将持续关注地域文化资源在高中历史教学中的应用，使学生在身边历史的变迁中感受到历史与现实的情感互动，使学生的乡土意识更加深厚、家国情怀更加浓郁。

目 录

第一章 地域文化视域下高中历史核心素养培育理论概述 ……… 1
    一、地域文化资源一般理论概述 ……………………… 2
    二、高中历史学科中核心素养培育的相关概述 ……… 13

第二章 高中历史学科中唯物史观的培育 ……………………… 23
    一、主要内容 …………………………………………… 24
    二、培育路径 …………………………………………… 35

第三章 高中历史学科中时空观念的培育 ……………………… 46
    一、主要内容 …………………………………………… 47
    二、培育路径 …………………………………………… 53

第四章 地域文化视域下史料实证素养的培育 ………………… 71
    一、主要内容 …………………………………………… 72
    二、培育路径 …………………………………………… 85

第五章 地域文化视域下历史解释素养的培育 ………………… 93
    一、主要内容 …………………………………………… 94
    二、培育路径 …………………………………………… 104

第六章　地域文化视域下家国情怀素养的培育 ·················· 115
　　一、主要内容 ························· 116
　　二、培育路径 ························· 124

附录一　清远市地域文化 ······················· 136
　　一、地理位置及历史资源 ····················· 136
　　二、人文环境及文化符号 ····················· 139
　　三、文化机构与队伍 ······················· 140
　　四、文化产业与市场 ······················· 142

附录二　清远市梓琛中学地域文化视野课程选编——客家文化 ········ 144
附录三　清远市清城区石角镇村落乡土文化研学 ·············· 161
　　一、清远市梓琛中学社区研学课程方案 ··············· 161
　　二、石角镇村落乡土文化研学 ··················· 163

参考文献 ······························· 172

第一章　地域文化视域下高中历史核心素养培育理论概述

随着社会的发展，世界各国都致力于提高本国的经济、科技、文化等方面的竞争力，尤其是科技和人才方面的竞争力。于是各个国家都相继进行了核心素养的研究，都重视提升公民的核心素养。我国也进行了核心素养的研究，制订了中国的核心素养框架和各学科核心素养，标准在"2017版高中历史课程标准"中明确提出历史学科的核心素养。在"2017版课程标准"指导下，教育部组织编写了统编版高中历史教材，将历史学科核心素养融入历史教材的内容中。全国统一的部编教材更注重人类文明的发展历程，学生在长期的应试教育模式下，往往忽视历史学科的学习，对自己家乡历史陌生。为了更好落实历史学科核心素养，也为了能让学生加深对家乡历史的了解，培育浓厚的家国情怀，教师可在历史课堂中引入地域文化（如乡土历史），以期达成既定的教学目标。教育的文化责任要求学校在注重主流文化传播的同时，还要关注地域文化的传承。通过地域文化教育让学生体验周围丰富多彩的文化魅力，使他们学会认识和欣赏家乡，培养他们热爱家乡的人文情怀与建设家乡的崇高责任感。

本章从相关概念着手对地域文化资源和高中历史学科中的核心素养进行理论概述，既为全书的研究奠定坚实的理论基础，又起到提纲挈领的作用。

一、地域文化资源一般理论概述

（一）相关概念的界定

1. 地域

地域通常是指一定的地域空间，也叫区域，并且它是具有一定的界限，在其范围内表现出明显的相似性和连续性，不同地域之间则具有明显的差异性；它还具有一定的优势、特色和功能；不同地域之间相互联系，相邻之间的某地域发生变化也会影响到周围地域。总的来说，地域具有时间和空间的特点，同时也具有经济社会文化特征的概念，因此它会成为某些学科的核心概念，人们赋予它需要的内涵以及功能。但是不同的学者对地域文化的中的"地域"有着不同的了论述，有的学者认为"地域"应该作为一个区域性的概念，具有相对明确而稳定的空间形态，不仅具有自然的、空间的意义还要具有其他意义；"地域"又是一个历史概念，在区域划分的历史进程中看，需要经历不同的地域变化阶段，由自然地域到经济、文化地域的一系列变化；"地域"应该是一个立体的而不是平面的概念，认为自然是地域最为表层的东西，而深层的则是风俗习惯、性情秉性、礼仪制度等；"地域"还应该是一个比较性、对照性的概念，任何地域都应该有同一个可以对照、比较的参照物，有对比才能发现该地域的地域文化或者其文化与其他地域的不同。[1]

在本书中"地域文化"中的"地域"一词是跟上面所论述的地域有一定的区别，在地域文化中的"地域"不仅仅是表现其在自然地理和我国行政区划的意义之外，还带着本地所赋予它的历史和文化意义，而在"地域文化"中的"地域"不具有那么强烈的界限范围，它是在历史发展变化中逐渐形成该地域的文化内涵、并且对这一文化有着相同的文化认同感和家乡情怀等，慢慢地形成特定的地域，但很难用具体的地理界限来对其进行划分。[2]

---

[1] 王祥. 试论地域、地域文化与文学 [J]. 社会科学辑刊, 2004 (04)：123–128.
[2] 姚宝俊. 高中语文课程中安徽地域文化资源开发研究 [D]. 西安：陕西师范大学, 2015.

2. 地域文化

中国幅员辽阔，地理差异明显，这种差异不仅表现在人们日常的衣食住行等方面，更在个体的思维方式、价值取向和行为选择等方面打上了深刻的烙印。《中庸》载"宽柔以教，不报无道，南方之强也，君子居之；衽金革，死而不厌，北方之强也，强者居之"，阐述了我国南北的明显差异，这种建立在自然环境基础上因生产生活方式不同而形成的独具特色的差异性，可以视为地域文化的具体呈现。

所谓地域文化，是指以客观或主观意义上的地理单位为基础，并由该单位上生存的群体共同创造、享用、传承的思维方式、价值取向和行为选择等的总和。首先，一定的地理环境是地域文化产生、发展的重要基础，该地理环境既包括客观意义上的行政单位或以地理环境差异为基础划分的地域单位，也包括"人们主观的地域区分或借着地域界限来表达的'自己'和'他者'之别"[1]。其次，地域文化主要是由长期生存于该地域上的群体共同创造、享用和传承的。人类是物质财富和精神财富的创造者，是文化创造的主体，文化由一定的群体创造和传承，并对该群体产生潜移默化和深远持久的影响。最后，不同地域文化在具体内容呈现上往往各不相同，如语言特色、宗教信仰、风俗习惯等的差异，这些形态各异的具体内容最终都着眼于使个体思维方式、价值取向和行为选择符合地域的实际情况。因此，地域文化主要对个体的思维方式、价值取向和行为选择等产生影响。

（二）地域文化的特点与功能

1. 地域文化的特点

地域文化是一个复杂的系统，为正确、全面地认识地域文化，需要把握地域文化的基本特点。

（1）地域性

地域文化是以地域环境为基础而形成发展的，一定地域空间是地域文化形成发展的重要条件。地域文化的地域性特点主要表现为：第一，地域

---

[1] 程美宝. 地域文化与国家认同——晚清以来广东文化观的形成[M]. 北京：生活·读书·新知三联书店，2006：315.

文化形成于某一地域人们长期的生产生活实践中;第二,地域文化的影响范围具有明显的空间范围,它以本地域为主并向外围辐射,一般而言,随着辐射范围的扩大,地域文化的影响力会逐渐减弱;第三,地域文化的表现空间有固定范围,蕴含和体现地域文化的名胜古迹、社会风俗习惯、典故传说等一般都存在于固定地域,并且通常只有在该地域内才能获得感知和认可。

（2）传承性

"文化是人类所创造的,同时也是通过人类所具有的独特能力不断传承的。"[①]通过传承,文化才能得以不断的延续和发展,过去人类所创造的文化才能为当下的人类所感知并产生深刻的影响。地域文化是经过长期的发展演化过程而形成的,这一过程得以不断进行,离不开传承性这一特点。同时,通过传承,地域文化的内涵和表现形式不断发展完善,地域特征也日趋明显。

（3）时代性

地域文化的形成和产生是一个长期的、动态的过程,它并不是一成不变的。相反,为了获得存在的合理性,不被时代的发展所淘汰,地域文化需要不断根据变化发展的实际来对自身的内容和表现形式等做出调整。因此,地域文化也表现出明显的时代性特点。地域文化通过传播、交流、整合等文化互动形式,不断充实和发展自身的内涵,使自身的文化结构日趋合理,这是地域文化具有时代性的体现。

（4）亲缘性

地域文化的内容和表现形式等与个体的日常生活息息相关,在长期生活中,地域文化塑造了个体的价值观念、思维方式,并通过个体的日常行为表现出来。对于个体而言,地域文化已构成其生活中不可或缺的一部分。这种天然的、密切的联系,容易使个体对地域文化产生一种自觉或不自觉的认同意识和情感共鸣。当个体进行文化学习或面临文化冲突、文化选择时,与地域文化相联系的部分总能比较容易获得个体的青睐,这是地

---

① 陈华文.文化学概论[M].上海:上海文艺出版社,2001:152.

域文化亲缘性的重要体现。

2. 地域文化的功能

地域文化的功能，具体地说，就是地域文化在满足受用群体生存和当地社会发展的需要中所体现出来的价值和效用。准确认识地域文化的功能，是地域文化价值得以充分实现的重要前提。

（1）维持功能

地域文化的维持功能，其本质的含义在于地域群体通过地域文化习得统一的价值观念、思维方式和行为取向，以保证群体内部、群体与社会之间的和谐共存。对于地域群体成员来说，维持功能的执行通常是不自觉的、无组织的，地域群体通过从众压力和各种日常活动的践行保证群体在思维方式和行为方式上的一致。该功能一方面促进了个体对地域文化的学习与掌握，使个体的观念、行为等符合地域文化的基本要求和规范；另一方面维系了地域文化的延续，使地域文化在维持群体日常生活交往的过程中得到继承和发展。

（2）导向功能

地域文化的导向功能就是通过地域文化影响个体对发展目标的选择，使个体选择的发展目标符合地域文化的内在规定。其一，个体自出生伊始就受到地域文化的影响，地域文化对个体发展目标选择的导向具有基础性；其二，当个体的发展目标与地域文化相悖时，地域文化会通过群体压力动摇个体的决定，甚至扭转个体的决定，地域文化对个体发展目标的导向具有约束性；其三，当个体的发展目标与地域文化同一时，通过群体认同和榜样示范等方式，地域文化可以强化个体对该选择的认同，地域文化对个体发展目标的导向具有强化性。

（3）辨识功能

地域文化为地域群体所创造和共享，享用不同地域文化的群体在观念、行为等方面往往会有所差别，这就为运用地域文化辨识群体类别创造了可能。一般而言，地域文化的特色越明显，地域文化具备的辨识功能越显著；同时，随着社会环境的开放和交通网络的日益发达，地域文化的辨识功能也会越显著。对生活于地域文化辐射范围内的个体而言，通过地域文化的辨识功能与他群进行区分，从而获得归属感与身份认同；对生活于地域文化辐射范围外的个体而言，通过地域文化的辨识功能可以辨别同类群体，凝聚群体力量，例如老乡会就是以地域文化的辨识功能为基础而产生的乡谊组织。

（三）地域文化融入高中历史学科教学的必要性

1. 时代的要求

（1）文化自信的提出

在全球化不断加快的进程中，各国文化的交流、交融、交锋对年轻一代的影响日益严重，国家也开始意识到严重性，及时对教育作出调整，将文化作为中小学基础教育的内容，并提出："文化自信是一个民族、一个国家和一个政党对自身文化价值的充分肯定和积极践行，并对其文化生命力持有的坚定信心。"[①]因此在中小学教育中文化的重视程度不断提高，国家层面出台了相关的政策和纲要进行指导，把文化融入各学科课堂教学，不同的学科在融入文化的过程中所承担的责任和任务都是不同的，尽管相互之间存在分工不同，但是所做的事情都是一样的。

习近平指出："文化自信，是更基础、更广泛、更深厚的自信……"[②]文化自信与其他三个"自信"共同组成中国特色社会主义的"四个自信"，因此培养和提高学生对我国优秀传统文化的认同感和自豪感是我国现代教育的一项重要任务。学生通过学习和了解文化，有利于学生了解文化在国家发展和国际竞争中所处的地位是不同的，使学生能够了解文化对于一个国家发展的重要性，同时可以了解自身与世界，使文化能够融入学生的日常生活中，满足学生对文化的需求和传承我国优秀传统文化的责任。

课堂教学是培养学生文化素养的重要途径和场所，适当地在教学内容中融入文化更有益于学生的理解和接受，使得文化能够融入学生的生活实际中。高中历史教学承担着培养学生文化素养的教学任务。历史教学不仅

---

① 教育部课题组.深入学习习近平关于教育的重要论述[M].北京：人民出版社，2019：238.
② 习近平在中国文联十大、中国作协九大开幕式上的讲话（2016年11月30日）[M].北京：人民出版社，2016：6.

可以传播和继承我国优秀的传统文化，还可以结合学生身边的地域文化进行教学，将其适当地融入历史课堂。要在历史课堂中逐渐培养学生的文化自信，则需要从学生日常接触到的文化层面开展教学，而地域文化则更接近学生的生活，源于学生生活，服务于教学，因此地域文化是重要的历史课程教学资源，在历史课堂教学中应该充分利用并发挥其作用。

（2）落实"立德树人"根本任务的要求

《教育部关于全面深化课程　改革落实立德树人根本任务的意见》中对立德树人进行了定义："立德树人是发展中国特色社会主义教育事业的核心所在，是培养德智体美全面发展的社会主义建设者和接班人的本质要求。"[1]全球化的进程不断加快和互联网信息技术的迅猛发展，各种文化、思想的交流和传播的速度也更加惊人，无论是好的文化还是不好的文化都在传播，使学生在学习时不能对其进行分辨，而是全盘吸收，使学生受到外来文化的影响比较严重。我们所面临的教育环境则更加复杂，学生的成长环境也是逐渐在发生变化，不同的思想和文化不断地侵蚀着学生，使得越来越多的学生更倾向于学习国外文化而对传统文化失去兴趣。我们需要在国民教育中不断融入中华优秀传统文化，使学生对我国优秀传统文化有足够的认识和感悟，从而培养中华文化底蕴，逐渐提升学生对中华文化的自信心，因此要从身边的文化内容入手培养学生的兴趣。

学校教育的目标是培养全面发展的学生，实现立德树人的要求，无论是现在提出来的核心素养还是原来的三维目标，都有提到要培养符合社会主义现代化建设的接班人，提升学生的文化内涵和素养。让学生从身边的历史遗迹或者环境观察和体验其中蕴含的文化底蕴，感受中华文化的博大精深以及文化的积淀是汇聚了无数人的努力和长期的奋斗所保留下来的成果，认识到文化的发展和继承是我们每一个人的责任。而地域文化是学生身边的一种文化形态，能够被学生所认识和熟悉，将其运用于历史课堂教学，更有利于培养学生的历史实践力和解决实际问题的能力。

---

[1] 教育部关于全面深化课程改革　落实立德树人根本任务的意见_中华人民共和国教育部政府门户网站[EB/OL]. http://www.moe.gov.cn/srcsite/A26/jcj_kcjcgh/201404/t20140408_167226.html.

（3）对中华优秀传统文化的传承

"随着我国经济社会深刻变革、对外开放日益扩大、互联网技术和新媒体快速发展，各种思想文化交流交融交锋更加频繁，迫切需要深化对中华优秀传统文化重要性的认识，进一步增强文化自觉和文化自信；迫切需要深入挖掘中华优秀传统文化价值内涵，进一步激发中华优秀传统文化的生机与活力；迫切需要加强政策支持，着力构建中华优秀传统文化传承发展体系。"[①]因此传承中华优秀传统文化在基础教育中是非常重要的教学任务，使学生在各学科中都会或多或少地学习到文化的内容，让学生能够对我国优秀传统文化感兴趣，把传统文化融入到现实生活，感受到中华文化的魅力。

地域文化融入高中历史教学是对我国优秀传统文化的传承，因为地域文化是我国优秀传统文化的重要组成部分。在2014年教育部发布的《完善中华优秀传统文化教育指导纲要》（教社科〔2014〕3号）中明确指出要将中华优秀传统文化教育在不同的学段之间推进，高中阶段的重点是增强学生对我国优秀传统文化的理性认识，不仅在课堂中引导学生感悟我国传统文化的精神内涵，在生活中也应该引导，使得学生对本民族文化的自信心和自豪感不断增强，在历史课堂中了解和感悟我国的风土人情和生活生产方式在各地域之间的差异；并且还指出地理、历史等课程在教学中要渗透中华优秀传统文化相关内容。把学生身边的历史事物和地域文化融入历史教学中，更有利于学生理解和运用所学的文化知识，有利于我国优秀传统文化的传承。

继承和弘扬我国优秀传统文化是我们每一个中国人的责任和义务，不仅是学习和掌握，更是为拥有它而感到自豪和自信，并且把它传播到更远的地方，让更多的人感受到中华文化的博大精深以及多样性。文化是一个民族的血脉，支撑着人们能够战胜一切困难的信念，以开放的态度欢迎来自四面八方的友人。

---

① 中共中央办公厅 国务院办公厅印发《关于实施中华优秀传统文化传承发展工程的意见》_2017年第6号_中国政府网［EB/OL］. http:www.gov.cn/gongbao/content/2017/content_5171322.htm.

2.新课程改革的推动

随着新一轮的课程改革在不断地推进，在实施的过程中形成了许多成果，这些成果在不同程度上改变了原有的课程结构，将理论研究与实践研究相结合，让新课改更加完善和丰富。尤其是在新修订的课程标准的基本原则中提出要继承和弘扬中华优秀传统文化、革命文化，使学生坚定中国特色社会主义道路自信、理论自信、制度自信和文化自信，因此在教学内容变化中提出更新教学内容，要有机融入社会主义核心价值观，中华优秀传统文化、革命文化和社会主义先进文化教育内容，而且各学科都提出要在课程教学中有机地融合中华优秀传统文化教育的基本内容。不同学科在融入我国优秀传统文化的内容时，它们之间是存在不同的，能够融入的内容也不尽相同，但是所承担的任务都是一样的，使得我国优秀传统文化得以发扬光大和传承。

在发扬和传承我国优秀传统文化方面，历史学科能做的事情很多，而且不仅是在课堂教学中进行文化融入，还在社会实践活动中开展对传统文化或者地域文化的传承和保护。比如在高中历史课堂教学中适当融入所在地区或其他地区的地域文化，不仅可以丰富历史课的教学内容和教学手段，还可以提升学生对历史学科和历史学习的兴趣，同时也符合新课程改革的要求。在新的课程标准中不仅仅是必修课程对融入文化教学内容有要求，在选修课中也提到把中华优秀传统文化融入历史教学中，因此在历史教学中可以在多方面融入地域文化的内容进行教学，使学生在学习过程中体验和了解地域文化。

地域文化作为学生身边的历史课程资源，不仅有利于学生理解所在地区的知识和文化，还可以通过与其他学科的结合，丰富历史教学的内容，提高学生学习兴趣，从而真正落实"立德树人"的要求——让学生把历史知识运用到现实生活中，在生活中总结历史经验，发现问题并解决问题，实现育人的价值。

（四）地域文化融入高中历史学科教学的理论基础

高中历史教学强调追寻历史知识的意义，发挥史学的育人功能，这些主张不是凭空而来，建构主义教学理论和历史教育价值论两大理论就为其提供了理论支持。

1. 建构主义教学理论

建构主义是兴起于20世纪80年代的认识论，这种不同于传统的认识论在教育学领域也有很大影响。建构主义教学论在知识观和学习论方面提出了许多新的观点，对于什么是知识、怎样学习知识、怎样促进学习、怎样教学都有不同于传统观点的思考。建构主义教学理论在被引入我国后，成为新一轮基础教育改革的重要理论来源，对于我国的新课程改革产生了巨大的影响。

第一，建构主义知识观认为，知识不是对现实的客观反映和准确表征，只是人们借助于符号系统对客观现实作出的一种"解释"或"假设"；知识是动态生成的，是在发展与演化中形成的，并不是静态的；知识对于学习者而言是由自己在自身的经验基础上建构起来的，并不是取决于特定背景下的学习过程；知识不是被动接受的，而是认知主体积极建构的。这些主张肯定了学生的主体性地位，突破了以往以教师、教材为中心的教学理念，同时也强调了社会生活对知识的孕育和发展功能，为教学走向生活、深入实践提供了理论依据。第二，建构主义学习观认为，学习的实质是学习者认知机构改变的过程；学习是主体主动建构自己知识的过程。关于学习的内容，它认为不应该事先被确定下来和系统化，学习内容包含在学习环境中，每一个个体从各自的现状出发，学习那些认为是重要的、想要的、有用的东西。第三，建构主义教学观在教学目标上把理解和意义建构作为教学的中心目标，把社会化和文化适应作为教学目标；在教学活动上极力主张要建立和组织好教学活动，教学活动要创设一个丰富的学习环境，复杂的、多维度的教学活动可建立多元的联系，产生多元的理解视角。在教学模式上主张抛锚式教学、认知学徒制教学、随机通达教学和支架式教学。①

建构主义教学理论对于实施教学具有理论指导意义。学习的过程是自我建构知识的过程，学习者在教学活动中处于主体地位，教学应当充分培

---

① 刘万伦.建构主义教学思想及其在我国的本土化问题[J]比较教育研究，2005(07)：7-11.

养和发挥学生的自主意识，帮助学生在有利的学习情境中主动与知识发生积极的"碰撞"和联结。建构主义教学理论是高中历史教学的重要理论来源。

2. 历史教育价值论

历史教育价值论是关于历史学科教育之价值的理论，其说明了历史教育的功能与价值，回答了历史教育的本质是什么的问题。该理论对中学历史教育的作用的论述，既从历史学科角度审视了历史学的教育功能，又结合教育学、心理学认识历史学科的社会价值。

历史学科是人文学科中的核心学科，历史学的人文性特征历来为史家所重视。就历史教育来说，人文性也是历史教育的重要特征。关注人的发展，也成为历史教育价值论的关注重点。有学者认为21世纪的历史教育应当承担起这样的时代使命："第一，养成人的人文觉悟，提高人的人格品位。第二，培养人的正确的历史认识和社会认识。第三，保障人的学力，发展人的智慧。第四，促进学科整体发展，完善学科教育功能。"[1]赵亚夫教授还认为："历史教育是国民教育的重要组成部分，也是公民教育不可或缺的组成部分。"[2]由此说来，历史教育绝不只是教师在历史课堂上教会学生一些历史知识，绝不只是让学生知道或记忆历史教科书上的史事，绝不只是在历史考试中取得好的成绩。历史教育的最大价值是育人。

同时，历史教育价值论指出，历史教育具有六大特征，分别是人文性、道德性、情感性、养成性、审美性、世俗性。[3]从这样的角度来理解学校历史教育，高中历史教学的价值追求表现在以下几个方面：一是弘扬人文主义精神，促进学生的发展；二是传承传统优秀美德，健全学生的价值观；三是涵养情感，重视理解生命的意义；四是养成对国家、对民族的认同感，形成世界意识；五是培养欣赏美、创造美的眼光与能力；六是塑造热爱生活，适应社会的品格。

高中历史教学作为一种教学形态，与历史教育价值论在价值追求上是

---

[1] 齐健，赵亚夫.历史教育价值论[M].北京：高等教育出版社，2003：15.
[2] 赵亚夫.公民教育：新时期历史教育的重要功能[J].中学历史教学参考，2003（04）：4.
[3] 齐健，赵亚夫.历史教育价值论[M].北京：高等教育出版社，2003：92-133.

一致的，其终极目标就是实现历史教育的价值。

3. 多元文化教育理论

多元文化教育理论起源于20世纪60年代美国的族群研究运动。它主要包括两方面的含义：（1）多元文化教育有深刻的哲学基础，蕴含平等、自由、正义和尊严等概念，具有人文主义色彩；（2）多元文化教育认同文化差异与文化多样性，是有关文化宽容、理解和欣赏的教育形式。[①]在研究探索的过程中，多元文化教育理论逐渐由理论层面走向实践层面。格兰特、高乐雅、盖伊等多元文化教育家们将多元文化教育理论引入教师教育领域，形成多元文化教师教育思想。他们普遍认为学生应该接受多元文化教育，提高多元文化教育素养；教师不仅应掌握多元文化教育知识，还应倡导文化共鸣教学策略。

在研究发展阶段，多元文化教师教育理论主要经历过三种价值取向：知识取向—实践取向—社会重建取向。这三种价值取向分别提倡通过多元文化课程、社区实践学习、批判反思社会问题等方式提高教师多元文化素养。有学者认为可以发挥教师对多元文化的整合力量，以弥补教科书中多元文化内容的不足性；教师可以在教学实践中融合有关各种族的历史、文化和社会背景材料，保证内容准确性和广泛性；教师应提供适切的情景，使用其他资源来补充教学，以弥补教科书。[②]

进入21世纪，美国更加重视教师的多元文化教育能力，并将其纳入美国教师职业的标准内容。多元文化教育标准提出教师应尊重学生的文化差异，将其视为有价值的课程资源。我们都知道，教师和学生在课堂之外都是具有不同文化背景的个体。基于此，教师应该知道学生会对与自己身份认同有关的特定地理、历史感兴趣，教师应善于利用学生的不同文化背景，激发他们的学习兴趣。而地域文化课程资源开发无疑是教师多元文化教育能力的重要体现。在地域文化课程资源开发的过程中，教师应该思考特定地域文化背景对学生历史学习的影响、地域文化课程资源开发对历史

---

① 吴明海. 当代多元文化教育思潮历程初探[J]. 民族教育研究, 2015(02): 5–10.

② 马永全. 当代西方多元文化教师教育思想的三种价值取向分析[J]. 外国教育研究, 2015(11): 63–72.

教学产生的积极作用。根据上述理论表述的观点，地域文化课程资源开发实际上是促进地域文化教学的重要方式，更是帮助学生理解文化差异和传承地域文化传统的重要手段。

二、高中历史学科中核心素养培育的相关概述

（一）相关概念的界定

1. 核心素养

世界各国以及各国际组织都结合自身的发展情况赋予"核心素养"不同的内涵。为了界定"核心素养"的含义，笔者先对国际上几个核心素养的概念进行整理归纳，在此基础上再对其进行概念界定。

根据相关文献显示，"核心素养"概念在20世纪90年代最早映入人们的眼帘。为了应对全球化的发展，经济合作与发展组织（以下简称OECD）于1997年启动了研制"核心素养"内涵的相关项目，即《素养的界定与遴选：理论和概念基础》。2003年OECD最终出版了相关的研究报告，该报告中直接使用了"核心素养"一词。OECD认为："核心素养涵盖了三大类别九大素养，其中三大类别指运用多种工具互动、与异质群体交流以及自主行动。"[1]在笔者看来，OECD制订的核心素养框架侧重于培育学生适应全球化发展的综合素养。

21世纪初，紧随经济合作与发展组织的脚步，欧盟认为制订核心素养的框架已经迫在眉睫，于2002年3月发布了《知识经济时代的核心素养》的研究报告。经过几年的讨论，2006年12月，欧盟又通过了《以核心素养促进终身学习》的建议案。在该建议案中，"核心素养"包含了八项素养，例如母语交流、外语交流、数字化能力、公民和社会能力、学会学习等。林崇德先生认为，欧盟提出的"核心素养"主要指"一个人在知识社会中自我实现、社会融入，以及就业所需要的素养，其中包括知识、技能与态度"[2]。笔者认为，欧盟对于"核心素养"的含义界定比OECD更为全面且更加详尽，其"核心素养"切实指向了实践层面，可操作性更强。

---

[1] 周婧，罗明. 核心素养 中学历史学科育人机制研究[M]. 上海：复旦大学出版社，2019：12.
[2] 林崇德. 21世纪学生发展核心素养研究[M]. 北京：北京师范大学出版社，2016：16.

核心素养是社会不断变迁的产物，其形成是一个动态的发展过程。这里所说的"动态过程"，指在不同的时间节点及各国不同的综合实力下，"核心素养"被赋予了不同的内涵，不同的名称。例如，新加坡2010年提出的"21世纪核心素养"，涵盖"核心价值""社交与情绪管理"以及"新21世纪技能"三大部分。新加坡政府希望学校教育能以上述核心素养为落脚点，培养充满自信、能够主动学习、积极奉献的公民。

与国际组织及发达国家相比，我国核心素养问题研究相对较晚。为落实"立德树人"的教育根本任务，同时提升我国的教育影响力，受教育部基础教育司委托，2013年5月，北京师范大学林崇德教授率领全国各高校专家成立课题组，共同研究"中国学生发展核心素养"。2016年9月，"中国学生发展核心素养"在北京发布。中国学生的"核心素养"指学生应具备的、能够适应终身发展和社会需要的"必备品格和关键能力"，包含"文化基础""自主发展""社会参与"三个维度。[①]

笔者认为，我国对于核心素养的含义界定充分植根于我国政治、经济及文化发展的基本国情，对于我国学生的终身发展具有良好的促进作用。

综上所述我们可以看出，各国以及各国际组织对于"核心素养"的界定虽然不同，但是也具有共同之处，如强调公民素养，强调学生应对全球化发展所必备的各项素养，并且都指出核心素养的培育过程是一个持续不断的动态发展过程。

2. 历史学科核心素养

在界定"历史学科核心素养"概念前，我们首先要理清"中国学生发展核心素养"与"学科核心素养"之间的关系。从内容方面看，学生发展核心素养处于上位，学科核心素养处于下位；从实施方面看，"任何学科的教学过程，都要兼顾学生发展核心素养与学科核心素养这两者。"[②]由此我们可以看出，历史学科核心素养是"中国学生发展核心素养"在历史学科的具体体现。

关于"历史学科核心素养"的内涵，学界对此持不同观点，而《普

---

① 核心素养研究课题组.中国学生发展核心素养[J].中国教育学刊，2016(10)：1-3.
② 方勇.核心素养视阈下的中学历史教学设计[M].上海：上海大学出版社，2019：13.

通高中历史课程标准（2017年版）》则给了我们一个相对科学、权威的解释，即历史学科核心素养是学生通过历史课程的学习逐步形成具有历史学科特征的正确价值观念、必备品格与关键能力，包括唯物史观、时空观念、史料实证、历史解释以及家国情怀等五个方面。①五大素养相互关联、互补，而且各有侧重点。"唯物史观是诸素养得以达成的理论保证；时空观念是诸素养中学科本质的体现；史料实证是诸素养得以达成的必要途径；历史解释是诸素养中对历史思维和表达能力的要求；家国情怀是诸素养中价值追求的目标。"②新课标从不同方面提出了高中历史学科学习的要求，关注到了高中阶段学生学习需要达到的各项素养，指明了高中历史教学的改革方向；让教师明白通过自己的课堂教学，不仅应该让学生能够获得基础的知识，而且还应该关注到学生世界观、人生观和价值观的形成，形成长久学习的能力，能够迈向更高水平的学习。

笔者认为，新课标对于历史学科核心素养内涵的界定具有代表性、权威性和科学性。历史课程应以落实学生的历史学科核心素养为出发点，以唯物史观为导向，以各种史料为凭证，将历史事件或历史现象放在具体的时空条件下进行分析，在此基础上得出具有人文情怀的认识，进而更好地落实立德树人的根本任务。

（二）培养高中学生历史学科核心素养的意义

作为九年制义务教育和高等教育之间过渡的高中阶段教育，对学生的发展起着非常重要的作用。高中阶段是学生能力逐渐发挥出来、个性充分发展的阶段。学生通过学习是否达到了核心素养的培养要求，是否具备了正确的价值观、必备品格和关键能力，是学生考入大学以后能否快速适应大学生活的关键因素之一。

---

① 中华人民共和国教育部制定.普通高中历史课程标准（2017年版）[M].北京：人民教育出版社，2018：4-5.

② 中华人民共和国教育部制定.普通高中历史课程标准（2017年版）[M].北京：人民教育出版社，2018：4.

1. 培养学生正确价值观的形成

作为必修科目，高中历史在培养学生正确价值观方面具有不可替代的作用。通过学习世界历史，使学生能够清楚地认识人类历史的发展过程。通过对世界不同国家、地区的发展过程和形成的不同特色文化具备了比较清晰的认识，能够认识到世界文化发展的多样性，建立起学习世界历史的兴趣，能够认同习近平倡导的构建人类命运共同体的理想，拓宽学生的国际视野，避免学生因了解不足而形成封闭的、狭隘的世界观和民族观。通过学习我国历史，清楚中华民族的发展历史，明白中华民族的源远流长，对中华文明产生认同感、归属感和自豪感，认同中国特色社会主义道路，认同社会主义核心价值观，树立道路自信、理论自信、制度自信和文化自信；认同中国梦，认同新时代中国特色社会主义思想，树立为实现国家富强、民族振兴、人民幸福的中国梦而努力奋斗的理想。

2. 培养学生长期学习的能力

在信息和知识大爆炸的时代，长期的学习能力对于学生而言极其重要。时代进步的脚步在逐渐加快，知识更新的频率也在加快，如果没有长期的学习能力，将会很快被时代所淘汰，因此学生在接受完教育以后，能否很好地适应社会与其是否具备了长期学习的能力密切相关。高中历史课堂必须注重培养学生的长期学习能力。我们目前的历史课堂只关注历史知识的解读，忽视了核心素养在历史教学中的渗入，因此导致了学生学习历史的能力不足，不能够形成历史学科素养，建立不起长期学习的兴趣，而且对于高考来说，传统的历史学习不能顺应高考改革的要求。在新课改、高考改革的大环境下，培养学生的学科核心素养成为高中历史教学目标的核心。未来的课堂将不再是以教师为主导的传统课堂，教师应该尽快转变教学思维，接受新的教学理念，让自己的历史课堂尽快地变成新课标要求下的新型课堂，将传统的知识传授性课堂变为培养学生学习能力的核心素养课堂。这样的课堂不仅能够让学生更好地适应高考改革，同时还能培养学生形成积极乐观的人生态度，勇敢面对人生的各种挑战，能够更好地走进大学，进而走进社会，做一个对社会、对国家、对人民有益的人。

（三）高中历史学科核心素养培养的现状

1. 核心素养在课堂中的贯彻

历史新课标颁布以来，教学改革成为当前历史教学中历史教师必须面对的最重要的问题。如何将新课程标准与传统的历史教学结合起来，转变课堂教学方式，在课堂中融入核心素养的培养，是每位一线教师必须思考的问题。传统的"满堂灌"教学模式将不再适合课程改革的要求，历史教师必须根据新课标对历史课堂作出改变，并改变以成绩作为判断学生学习好坏的单一标准。因此历史教师必须重视课堂教学的设计，时刻关注学生在课堂上的表现，重新制定历史课堂评价标准，让历史课堂起到应有的培养学生核心素养的作用。通过笔者的研究发现，高中历史核心素养在课堂上的贯彻现状如下。

（1）关注"核心素养"话题

从刚出台时的老师们抵制实施、不愿意改变课堂教学模式，到现在的老师们开始关注核心素养，关注这一最新潮的教育话题，作为核心素养培养的最终执行者，老师的观念直接影响着核心素养贯彻的效果和进度。在课堂教学中，老师们能够运用核心素养去设计问题，改变传统的教学方式。作为课堂的主导者，从思想上能够接纳核心素养这一新的教学理念，认识到课堂必须作出改变，这对于核心素养的落实来说，有很大的意义，能更好地促进核心素养培养的落实。

（2）尝试将核心素养融入课堂

作为一线教师，直接关系到能否有效实施新课程标准。然而，在特定实践过程中，由于各种因素的干扰和限制，在不同的地区、不同城市、不同学校，不同教师在课堂中对新课标的执行存在着差异。通过笔者对所在地区的高中历史课堂的观察发现，教师已经开始尝试着改变传统的课堂模式，将核心素养的培养渗入到课堂中，特别是年轻教师对核心素养的落实显得非常积极。首先就是课程设计。大部分的教师都可以打破传统课程的设计概念，整合核心素养的培养。教师可以根据不同课堂的内容整合课程资源，确定学生应该具备什么样的素养。这样一来，教师就能更多地关注学生特定素养的培养。同时，教师也需要关注教学设计，转变以往的课堂教学模式，提升学生的课堂主体地位，激发学生的学习兴趣。其次就是课堂教学。老师在尝试减少自己讲解时间的同时，发挥学生的主体作用，通过调动学生积极参与，完成课堂的教学，这和核心素养要求建立的合作学习、自主学习和探究学习的课堂模式相一致，能够更好地渗入核心素养的培养。最后就是课堂评价。老师们正在尝试建立新的课堂评价机制，改变原有的只以成绩判断学生学习好坏的标准，能够更加关注到学生的全面发展、长远发展。

2. 存在的问题

核心素养的贯彻不是一蹴而就的，这需要教育工作者的大量努力，虽然目前核心素养的培养已经取得了较好的成效，但是仍然存在一定的问题。

（1）时空观念素养贯彻简单

新课标对课程目标有明确的指示，指出时空观念素养的学习："知道特定的史实是与特定的时间和空间相联系的；知道划分历史事件与空间的多种方式，并能够运用这些方式叙述过去；能够按照时间顺序和空间要素，构建历史事件、历史人物、历史现象之间的相互关联；能够在不同的时空框架下对史实做出合理解释；在认识现实社会时，能够将认识的对象置于具体的时空条件下进行考察。"[①]新课标对时空观念作出了明确的要求，但是一线老师们在具体的教学中往往忽视了对学生的时间和空间意识的培养，使学生不能形成完整的时空思维，学生不能将历史人物、历史事件放在相应的时空环境中去思考和评价，造成了以今测古的现象。有些老师虽然在教学中渗入了时空观念，但是只是采用简单的历史大事表，让学生死记硬背历史事件发生的时间，不能很好地结合历史地图等教学工具对时空观念加以详细的讲解，这无疑增加了学生学习的负担，学生在死记硬背以后仍然不知所云，时间久了则忘得干干净净。历史的更迭是在不同的时空下发生的，我们今天学习历史，就是要借助能够借助的教学工具，将历史人物、历史事件还原到相应的历史时空中去探讨、思考，才能尽可能地还原历史的真实面貌，才能更好地做到以史为鉴。这不仅能够减轻学习

---

① 中华人民共和国教育部制定. 普通高中历史课程标准（2017年版）[M]. 北京：人民教育出版社，2018：6.

者的负担，还能增强学习者的学习热情，使历史的学习免于死记硬背。

（2）家国情怀素养培养以说教为主

高中历史的核心素养之一是家国情怀素养，被认为是历史学科核心素养的最高层级，在历史学科五大素养中居于核心地位。家国概念在中国形成较为悠久。禹创立了中国历史上第一个王朝，禹死后，他的儿子启夺得王位，并传位给自己的子孙，改变了原有的禅让继承方式，开启了"家天下"的统治模式，家国概念逐渐形成。到封建社会，家国概念进一步发展。"家"指以血缘关系为纽带建立的社会最小组织单位，父亲在这个组织里有着绝对的权威，家庭成员无条件地服从父亲的命令，这一点上升至国家，就是皇帝有着绝对的权威，所有臣民都必须无条件地服从和效忠皇帝，因此古代的"家国"是专制的、缺乏民主的。家国概念发展到现代，虽然"家国"结构和古代相似，但内容发生了巨大的变化。家庭组成人员不再唯父命是从，家庭组成人员之间平等，相互关心，共同维护家庭组成人员的和谐，国家也不再像封建社会那样专制，追求自由、平等、民主和法治。现代的家国情怀从内部来看，是指家庭团结，国家安定，从外部来看，是指中华儿女要团结一心，共同捍卫国家的主权和尊严。在历史教学中对家国情怀素养的渗透就显得尤为重要了，因为历史学科教学是实现家国认同重要的建构渠道之一。通过笔者研究，有些地区高中学段的历史课堂教学只限于简单说教，老师们在教学过程中没有有意识地将家国情怀素养融入自己的教学设计，融入课堂教学活动中；老师没有有意识地将家国情怀素养的培养作为历史课堂的重要任务，这种不重视，导致了家国情怀素养得不到很好的培养，学生进而形成不了正确的价值观和完整的爱国情怀，不利于其健康成长。

（3）历史学科功用的发挥不充分

首先，历史学科是社会活动的导向。"任何一个国家，一个民族，一个社会，都不能不以历史作为自己现实活动的导向。所谓前事不忘，后事之师，就是这个道理。"[①]但是我们今天高中阶段学习历史的目的并不是很

---

① 李振宏, 刘克辉. 历史学的理论与方法 [M]. 郑州: 河南大学出版社, 2008: 123–134.

明确，理科生学习历史是为了应付高中阶段的学业水平测试，文科生学习历史是因为高考需要这门学科的成绩，很少有老师或者学生将学习历史作为自己现实生活的导向，历史学习只是成为高中学习的一部分。学习历史的目标不明确，就无法建立长期的学习兴趣，所以很多学生在高中阶段学完历史以后，很少再去涉猎历史，造成历史学科的功用弱化。

其次，历史知识是人们必要的文化素质。"人们生活在现实之中，亦是生活在历史之中，现实是历史的延续和发展。因此，现实生活中的人们，一切思想、计划和活动，都是以历史为依据，从历史的经验出发的。"[1]因此，我们作为生活在历史潮流中的一员，必须掌握一定的历史知识，作为我们思考、行动的依据。在今天的高中历史学习中，学生并没有意识到这一点，老师也很少去强调这一点，进而造成大部分学生学习历史抱着满不在乎的态度，或者只是作为应试工具，而忽视了学习历史是我们必要的文化素养这一重要的历史学功用。未来的高中历史教育要打破传统的教育模式，将历史学科的功用充分发挥出来，促进学生在高中阶段充分自主发展，形成必要的素养，能够养成长期学习的良好习惯和应对未来变化的能力。

（4）教师掌握史料等资源有限，定位模糊

史料实证是历史核心素养的核心方法，是指通过严格的检验获取可信史料，并据此努力重现历史真实的态度与方法。教师想要在历史教学中培养学生史料实证素养，首先需要掌握大量的史料，其次教师应该大量而广泛地阅读史料，并筛选出适合高中历史教学和学情的史料。这对教师无疑提出了一个非常高的要求。从主观上讲，高中教师的工作重心是教学而非科研，即便掌握大量的第一手史料也不具备大学老师分析、运用史料的能力。

3. 高中历史教学中核心素养培养问题的原因

（1）课程设置、考试选拔机制与核心素养契合度低

第一，高中历史课程设置、考试机制与初中、大学衔接不畅。初中升学考试中历史学科所占分数比较小，学生在初中将大量的时间和精力放在

---

[1] 李振宏, 刘克辉. 历史学的理论与方法[M]. 郑州: 河南大学出版社, 2008: 134.

数学、语文、英语、物理、化学的学习上。而高中一般在高二年级采取文理分科教学的方式，高一的历史学科课时量少，且文理未分科。初中的历史教材按照通史体例编写，而高中历史教材按照模块分必修模块和选修模块。

第二，缺少培养史学理论和历史理论的课程。史学理论和历史理论的课程可以使教师在高中历史教学中较为系统地传授相关知识的方法。如果教师自行展开讲授，在课时安排上是不允许的。而缺乏必要的史学理论和历史理论对唯物史观、史料实证和历史解释等方面素养的培养是非常不利的。这两方面素养在调研中的反馈恰恰是：25%的受访者认为唯物史观较难培养，40%的受访者认为史料实证较难培养，超过三分之二的受访者认为历史解释较难培养。

第三，高中历史教材与高考命题、大学研究脱节。目前高中广泛应用的历史教材中通常按照时间顺序，采取背景、事件、结果、影响的历史教材叙述方式。例如：人教版《历史·必修三》第6课"文艺复兴和宗教改革"的"宗教改革"部分，首先介绍了文艺复兴在思想上对宗教改革的作用以及16世纪天主教会统治压榨德意志，然后讲述了马丁·路德宗教改革的过程，最后介绍宗教改革在思想上发展人文主义的作用。岳麓版《历史必修三·文化发展历程》第13课"挑战教皇权威"中，首先介绍文艺复兴后欧洲的人文主义思想活跃，其次介绍天主教会"因行称义"与马丁·路德"因信称义"的区别，然后介绍马丁·路德宗教改革过程及其影响。最后介绍加尔文的宗教观及其影响。

历史学者的研究过程是发现问题、查找历史材料、建构历史解释的过程。显然，历史学者研究的过程本身体现了史料实证和历史解释的核心素养，也是培养核心素养的有效方式。而高考历史试题是由大学老师命题的。命题人经讨论确定某一历史问题为命题考点，然后既查找一手史料，也收集历史学者的"百家"之言，为考生提供背景材料，最后制定标准答案。命题过程符合历史学者问题研究的过程的一般规律。不少教师照本宣科，学生唯教材是瞻，这种固化的教学方式和学习方式显然与新高考所要选拔人才的核心素养相距甚远。如果教师能从历史问题研究的一般规律出发，重新组织课堂教学，相信会实现核心素养与高考的统一性。

（2）教师对核心素养认识不足，缺乏配套理论指导和培训

教师参与培训的主要途径包括以下几方面：一是各省、市地区的常规培训，一般是一学期一次或一年一次，主要是通过讲座、名师课堂等网络课程的学习，通过提交文本作业、资源共享、小组讨论等了解新课程的理论与实践。常规培训是教师专业发展必不可少的一部分，但是教师方面的反馈不一。开展讲座的一线名师经验丰富、实际案例丰富，可借鉴性、可操作性强而最受欢迎。而一些偏重于理论的专家讲座则让培训教师兴趣全无，甚至昏昏欲睡。二是教研活动，形式上可以分为实地教研活动和网络直播等教研活动；从组织单位上可以分为以市级教研单位组织的常规教研活动和跨地区或全国性的以展示课为主要形式的活动，如：东北三省四校教师教学研讨课、全国教育年会等；从接受培训的教师群体来说，常规教研活动面对全体教师，而跨区域的研讨课根据不同学段、不同课型进行内容安排，面向不同教师，还有面向特定教师群体如骨干教师、兼职教研员的培训、考察活动。总体而言，广大一线教师没有特定的教研时间、系统的课程安排和针对不同需求教师群体的核心素养的培训。

（3）学生缺乏生涯规划

生涯规划（career planning），是指个人与组织相结合，在对一个人全面而深刻的自我认识基础上，对影响生涯发展的经济、社会、心理、教育、生理等主客观条件进行选择和创造。初高中学生处于世界观、人生观、价值观的形成阶段，对于未来的发展方向既迷惘又憧憬。中考和高考本身就是选拔人才、优胜劣汰的机制。一名理科学生从初中到大学只有5年时间能够接触到历史学科，而从学生步入大学，尤其是若干年后的反馈上看，历史学科对其职业发展的益处是持续的、不可估量的。事实证明，历史核心素养就是将核心素养的培养具体化，是学生个人终身发展和社会发展需要的必备品格和关键能力的重要组成。

第二章　高中历史学科中唯物史观的培育

　　唯物史观作为科学的历史观和方法论，它揭示了人类社会的客观基础及发展规律。唯物史观使历史学成为一门科学，它的核心指导地位也在当下高中历史教学中日益凸显，我们应运用唯物史观的立场、观点和方法，获取对历史客观而全面的认识。高度重视历史教学的历史观、价值观、世界观，是历史教学赋予广大历史教师的特有使命。普通高中历史课程以历史唯物主义为核心，目标旨在培养学生的历史意识、文化素质和人文素养。通过对人类历史发展的基本过程、重大历史事件、历史人物、历史现象的学习，使学生领会到人类发展进程中的重要历史文化遗产，从而引导学生对人类社会发展进程和规律进行更深入的探究，助推高中学生普遍拓展历史视野，发展历史思维，提高历史素养。

　　现在高中历史教学普遍存在唯物史观比较淡薄的情况。当今世界发生着急剧的变化，多种史学观点也在碰撞中交流。一方面，是历史教师的相关问题——对唯物史观的忽视和漠视，对唯物史观深刻内涵领会得不到位，应用得不够灵活、不够科学和全面。现在的高中历史教师队伍，越来越年轻化，对历史的认识也越来越开放和多元，比较推崇的历史研究视角有：近代化史观、全球史观、文明史观、社会史观等。在他们学习和成长的过程中，对唯物史观的学习并没有做到较好的重视和领会，出现教师本人不能较全面、科学地理解、阐释和发展唯物史观，缺乏以唯物史观为指导、科学地认识历史问题的本质和特征，因而在处理不少历史问题时，对于揭示历史问题背后的深刻矛盾和根源，对历史规律的发展变化趋势的把握还相对欠缺。另一方面，是学生对唯物史观的掌握和理解较为欠缺，不能理解唯物史观的科学概念，对其地位的认识浅尝辄止，对于唯物史观的科学原理的掌握还停留在肤浅的理论认识阶段，不能及时和相关的历史事件和历史阶段联系起来。在思想认识方面，不少青少年学生还不能全面认清时代赋予少年学子的历史地位和责任。因此，培养他们对国家和民族的认同和深情大爱是非常必要的。

本章探究唯物史观和高中历史教学相关的原理内容，以便于高中历史教师能够运用唯物史观，将其作为重要的方法论基础，科学解读历史核心素养的内涵，对新课标的精神和要求形成理论上的整体认知，提高高中学生在历史学习中的五大核心素养，涵养学生的历史思维和历史品质。

一、主要内容

（一）唯物史观的内涵

1. 史观的含义

历史观也称史观，李大钊曾言，史观所指的就是对历史的法则性阐述。由于史观具有较多的形式，因而李大钊将历史观划分成退步的、回环往复的以及进步的，等等。

历史观念一旦出现了，就一定是各异的，换句话说，就是所处的时代、地区、接受的教育等方面存在的差异会出现各异的历史观念。历史观念通常情况下都是其"三观"的集中体现。由于历史有关知识皆是将社会作为背景的，任何有关历史的研究也是将社会作为研究的内容的，同样的任何历史记录也是用来记录整个社会的，因而历史观也要与时俱进，顺应时代。只有这样才可以拥有更加开阔的眼界和更深的知识层次，对历史有一个更为准确深入的理解，也更有可能将历史的真实面纱揭开。

历史观也称为社会历史观，也就是人们对历史进行认识和理解时所采取的角度以及形成的观点，所指的是人们究竟如何看待社会历史，也就是根本态度。历史观在人们对历史进行认识的过程中以及利用其来进行现实问题的解决过程中皆占据着极其关键的地位。其中历史观念也就是历史观，也可以称为社会历史观，是包含人类全部在内的所有人在一般情况下对历史所持有的一种观点，所指的是人们在对本国以及世界历史进行认识的过程中将会运用到的有关理论，也是对待历史所采取的角度，更是理解人类历史发展的总问题，能够站在全局的方位上对人们认识人类发展历史进行指引。

2. 唯物史观的含义

是历史观的一种。社会历史领域中运用辩证唯物主义探讨社会历史发展的最一般规律的科学理论，又称历史唯物主义，这一理论属于马克思主义理论体系，其本身更是拥有较多的专门领域并能将其划分为层层级别的一个完整的体系。在《德意志意识形态》中马克思和恩格斯对于唯物史观的阐释大致有以下两层意思。

第一，这一历史观是有异于唯心主义历史观的，而非某一时代的某个方面，这是从一开始就以现实历史为基础的，并非是通过观念来对实践进行说明的，这是站在物质实践的角度来对各类观念形态进行相应的说明。这里虽然没有明确指出唯物史观，但其表述的意思即为唯物主义历史观，即唯物史观。在马克思恩格斯这里，唯物史观基础是一种历史观，是遵循和按照唯物主义的原则去看待和解释历史。

第二，这一历史观的核心就是能够以物质生产为基础对现实生产过程进行解释，同时将与这一生产方式连接起来的和各个层次的社会都作为历史基础，将市民社会看作是国家活动来对其进行相应的言语说明，更能以市民社会为基础进行意识有关产物的说明，其中就包括宗教以及哲学等，同时对其生产流程进行跟踪。在此处，马克思所提及的物质生产与交往形式、市民社会与社会形式、意识，这些都是构成生产力与生产关系，经济基础与上层建筑等唯物史观的初步形态。

之后，马克思又在《政治经济学批判》的序言中再一次地阐述了唯物史观，是公认的唯物史观的最具含金量的解释：人们在其生活中所产生的有关关系，也就是随着其物质生产力的发展而产生的相应的生产关系，将其整合起来就是社会的经济结构，也就是处于法律的以及政治的上层建筑之下的同时还具有对于国内的社会意识形式以及现实基础等。对总体的社会、政治以及精神生活产生决定作用的是物质生活的生产方式。在意识与存在的关系这一点上，并非由意志来决定存在，恰恰相反，正是社会存在对意识起着决定的作用。上述就是马克思以及恩格斯对唯物史观的基本认识。

它的基本思想如下：（1）物质生产活动是整个社会生活以及整个现实历史的根基，物质生活的生产方式对社会、政治以及精神生活的全部起着重要的约束作用。（2）社会历史的发展像自然界的发展一样，有它自己的内在规律。（3）生产力以及生产关系以及经济基础与上层建筑之间的矛盾是社会的基本矛盾，他们是相互制约、交互作用，是社会发展的根本动力。生产力和生产关系是主要的方面。（4）生产发展到一定历史阶段，必然出现阶级、阶级社会。阶级斗争是阶级社会发展的直接动力。无产阶级专政是达到消灭阶级、向无阶级社会过渡的历史阶段。（5）社会存在是第一性的，社会意识是第二性的，社会存在对社会意识起着决定性的作用，社会意识不仅是社会存在的反映，又具有相对独立性，对社会存在有反作用。（6）人民群众是历史的创造者，社会生活在本质上是实践的，人民群众是社会实践的主体。历史唯物主义的创立是社会历史方面的巨大改变，列宁曾言，马克思主义的历史唯物主义在科学思想中占据着极其重要的作用和地位，以往人们在面对历史时总是以一种杂乱无章的态度进行理解，而现在这种现象将会得到改变，取而代之的是一种完整而严密的科学理论。[①]

（二）唯物史观素养

1. 培养唯物史观素养的重要性

（1）马克思主义哲学的核心内容

马克思主义作为指导思想为中国共产党和社会主义事业的发展发挥着巨大的作用，形成了以毛泽东、邓小平、江泽民、胡锦涛、习近平等为主要代表的中国共产党人将其与中国具体实际相结合的马克思主义中国化。而马克思主义包括马克思主义哲学、马克思主义政治经济学和科学社会主义三部分内容。唯物史观作为马克思主义哲学的重要组成部分发挥着重要作用，也正是由于唯物史观的发现，使了解人类社会发展的历史过程成为可能。马克思、恩格斯在发现唯物史观以前，历史观归根到底是唯心主义历史观，正是由于建立了唯物史观的科学理论体系才使得能够在社会历史

[①] 廖盖隆. 马克思主义百科要览（上卷）[M]. 北京：人民日报出版社1992: 2.

观的一切问题上彻底地贯彻唯物主义的原则。[①]唯物史观揭示了人类社会的一切历史活动都是基于生产力和生产关系之间的矛盾产生的，这对社会基本矛盾也是历史发展的根本动力。生产关系必须适应生产力的发展而发展，才能正确认识人类历史发展的总趋势。运用马克思主义哲学的唯物史观来研究历史，可以揭示历史发展的本质和其发展的规律，这也使得历史成为一门真正的科学。

（2）唯物史观素养起统领作用

2017年发布的《普通高中历史课程标准》中提出了唯物史观、时空观念、历史解释、史料实证以及家国情怀的五大核心素养。其中唯物史观素养起统领作用，是其他素养得以达成的理论保证，也是认识和解决现实问题的指导思想。

唯物史观是揭示人类社会历史客观基础及发展规律的科学的历史观和方法论。2017版课程标准认为人类对历史的认识是由表及里、逐渐深化的，要透过历史的纷杂表象认识历史的本质，科学的历史观和方法论是非常重要的，并且唯物史观使历史学成为一门科学，只有运用唯物史观的立场、观点和方法，才能对历史有全面、客观的认识。[②]任何历史事物都要与特定的时间和空间联系。在唯物史观要求下，在认识现实社会时，只有在特定的时空条件下进行认识、分析才能形成正确的时空观念。史料实证作为历史学习的基础，要形成客观正确的认识，才能够以实证精神对待历史与现实的问题，去伪存真。历史的叙述，究其本质而言是历史解释，但是其中也包含了陈述者的主观认识。因此在唯物史观素养指导下能够客观论述历史事件、人物和现象，学会从表象中揭示深层因果关系。家国情怀只有在唯物史观的指导下，才能形成正确的国家观、民族观及文化观，从而建立正确的世界观、人生观和价值观。

在唯物史观素养指导下其他素养才能真正发挥其作用。高中历史课程以唯物史观为指导，对人类历史发展的总趋势进行科学阐释，并且坚持正

---

① 叶汝贤. 马克思的唯物史观[M]. 广州：广东高等教育出版社，2000：5.

② 中华人民共和国教育部制定. 普通高中历史课程标准（2017年版）[M]. 北京：人民教育出版社，2018：4.

确的思想导向和价值判断，这是唯物史观成为核心素养的最重要特征。

（3）培养学生唯物史观念

学生发展核心素养，主要是指学生应具备的，能够适应终身发展和社会发展需要的必备品格和关键能力。根据历史学科特点提出的五大核心素养反映了历史课程要将培养和提高学生的历史学科核心素养作为重心，使学生通过历史学习逐步形成具有历史学科特征的关键能力、必备品格和价值观念。[①]而唯物史观作为指导高中历史教学的理论发挥着重要作用：作为其他核心素养所能达成的理论保证，起着理论观点和方法论的指导。唯物史观可以让学生正确认识社会发展的历程，认识整个历史发展的社会形态是以从低级到高级为主线，透过历史纷杂的表象认识历史的本质，并且对学生树立正确的人生观、价值观和科学观有着指导作用。教育的根本工作是育人为本，就是要关心爱护每一个学生，为学生提供适合的教育。因此培养唯物史观念就需要教师在历史教学中引导学生的价值观和树立科学的历史观，才能更好地培养出能为社会主义事业作出巨大贡献的建设者和接班人。

高中阶段教育是学生个性形成、自主发展的关键时期，尤其是人文学科在世界观、价值观、人生观的培养中起着不可替代的作用，因此学生学习高中历史课程时不仅是了解基本的历史史实、人物等要素，更重要的是通过学习历史，能够掌握认识历史发展规律的历史思维能力，并且能够站在唯物史观的立场解决现实问题。

2. 唯物史观指导下的新史观

我国中学历史教学一直以唯物史观为指导思想，唯物史观也是五大核心素养的灵魂，是诸素养得以达成的理论保证。培养学生正确的唯物史观，是课标要求、教材要求，更是党和国家的要求。尽管唯物史观一直是中学历史教育所遵循的指导思想，但是随着史学理论的不断深入，时代发展所产生的众多新史观，如现代化史观、文明史观、全球史观、社会史观等应运而生并受到了广泛的重视，这些新史观都冲击着唯物史观的培养。

---

① 徐蓝.关于历史学科核心素养的几个问题[J].课程·教材·教法,2017(10):25.

因此，如何处理唯物史观和其他史观的关系就尤为重要，特别是建立起以唯物史观为指导，有多角度、多层次，互相联系互为补充的多样化统一的史学方法论体系。①下面笔者将以全球史观和现代化史观为例说明唯物史观与新史观的关系。

（1）全球史观与唯物史观的关系

20世纪五六十年代以来形成的"全球史观"的基本特征是将人类社会的历史当作一个整体来看待。马克思的"世界历史理论"认为，社会生产力以及科学技术的发展是世界历史形成的根源、前提和动因。马克思认为生产力的高度发展，必然引起广泛的社会分工，各个相互影响的活动范围在这个发展进程中越是扩大，各民族的原始封闭状态由于日益完善的生产方式、交往以及因交往而自然形成的不同民族之间的分工消灭得越是彻底，历史也就越是成为世界历史。生产力的发展促使世界各地的交往越发频繁，历史也成为世界的历史。马克思认为是世界历史也不是一直存在的，作为世界历史的历史是结果。自新航路开辟以后，世界开始形成一个整体，特别是工业革命之后，世界市场形成。世界各文明之间才有了真正意义上的联系，才形成全世界的历史。马克思的"世界历史理论"是唯物史观的有机组成部分，也是从我们的历史观和价值观出发理解和运用"全球史观"的理论基础。②唯物史观是马克思主义哲学的主要内容，世界是人类社会发展一般规律的科学，是科学的历史观和方法论。全球史观对于当代中国史学来说更像是一种历史思维，更侧重于方法论。因此，在中学历史教学中运用全球史观时，需要在唯物史观的指导下进行。

（2）现代化史观与唯物史观的关系

现代化是指人类社会从传统农业社会向现代化工业社会转变的过程，关注的是历史的纵向发展。在我国罗荣渠教授最先提出现代化史观。他认为在马克思主义的历史教科书中一直将马克思的历史发展观解释为五种社会经济形态的单线发展，即阶级斗争史观，这并不是马克思历史发展观的

---

① 唐作莉. 基于历史学科核心素养的多种史观运用研究——以高中历史教学为中心[J]. 西部学刊，2019(19)：16.

② 于沛. 全球史观和中国史学断想[J]. 学术研究，2005(01)：9.

本质。因此，罗荣渠教授提出了一元多线历史发展观。其中"一元"是人类历史发展归根到底是围绕以生产力发展为核心的经济发展的中轴转动，我们称之为社会进步与经济发展的中轴原理。①它的提出，对曾经流行的阶级斗争史观是一个巨大的冲击。基于唯物史观指导下，只有运用侧重于价值论的现代化史观研究视角和方法，才能更好把握高中历史教学。

高中历史新课标要求唯物史观作为唯一的具有指导意义的历史观。它不仅指导着高中历史教学的基本史观和根本理论，同时也是史学研究的理论根据和基本方法。历史观影响历史教育内容的选择以及对知识的分析与解读，也影响思想导向和价值判断。由此可见，在历史教学中运用新史观要基于唯物史观的指导，新史观与唯物史观并不矛盾，而是在坚持唯物史观的基础上运用多种新史观进行历史教学，但是在运用新史观的同时要始终坚持唯物史观的根本地位和重要性。

综上所述，在中学历史教学中运用唯物史观解决问题时，要理解唯物史观的内涵及基本原理，也要注意从多元史观的角度出发客观、全面地认识历史事件。

（三）高中历史教学中所涉及的唯物史观的基本观点

新课改背景下，高中历史教学过程中所涉及的唯物史观的基本观点包括以下四大方面。

1. 关于历史发展的规律性问题

唯物史观的原理在高中历史教学中突出的一个观点是历史发展的规律性。这是广大师生宏观掌握唯物史观的一个基点。唯物史观认为，历史是不断发展的，历史发展有着其客观规律的。这一点划清了与唯心主义的界限——唯心主义否认历史发展有其自身的规律。唯物史观主张历史是不断由低级向高级发展的，这个发展过程同时也是一个进步的过程。马克思、恩格斯也运用唯物史观精神，撰写了一系列历史著作，如《1840年至1850年的法兰西阶级斗争》《历史学笔记》等，这些书都体现了历史发展规律性的精神主旨，同时也丰富和发展了唯物史观。恩格斯在《家庭、私有

---

① 罗荣渠. 论一元多线历史发展观[J]. 历史研究, 1989（01）：14.

制和国家的起源》一书中对人类历史发展早期的本质规律也进行了分析和概括。

历史发展的规律性是高中历史教学中唯物史观的一个重要表现，这一理论也在不断的历史研究和历史教学的实践中得到检验，为学生进行高中阶段的历史学习提供了历史理论基础。历史发展有着固有的、客观的规律，这一原理也启示我们要关注两个方面的工作：一方面要认识到历史发展的规律性是不以人们的主观意志为转移的，这是一个自然的和历史的过程，推动这一过程的根本矛盾是生产力和生产关系的相互作用；另一方面要认识和研究这种历史前进的规律，实事求是，占有详尽的历史资料，用历史的、发展的观点来研究这些历史发展规律，力争起到为当前的历史教学保驾护航的导向作用。

2. 关于历史发展动力的问题

生产力与生产关系、经济基础和上层建筑的相互作用是历史发展的根本动力。正是由于在生产力和生产关系、经济基础和上层建筑的矛盾运动中，人类历史也不断向前发展。这一动力关系贯穿着高中历史教学的始终，可以说是历史教学的根本立足点。关于生产力与生产关系的关系，马克思指出："人们在自己生活的社会生产中发生一定的、必然的、不以他们的意志为转移的关系，即同他们的物质生产力的一定发展阶段相适应的生产关系。"[1]这向我们指明，生产关系由特定的生产力所决定的，它是与具体的历史阶段相适应的，这种关系是在生产过程中产生的，是一种客观的存在，不以人的意志为转移。关于经济基础和上层建筑的关系，马克思分析："这些生产关系的总和构成社会的经济结构，即有法律的和政治的上层建筑竖立其上并有一定的社会意识形式与之相适应的现实基础。"[2]

无论是讲述哪一阶段的中外历史，几乎无不涉及生产力和生产关系、经济基础和上层建筑的问题。如中国古代史中的"春秋战国农耕技术带来

---

[1] 中共中央马克思恩格斯列宁斯大林著作编译局编译. 马克思恩格斯选集（第一卷）[M]. 北京：人民出版社，1972：10.

[2] 中共中央马克思恩格斯列宁斯大林著作编译局编译. 马克思恩格斯选集（第二卷）[M]. 北京：人民出版社，1972：10.

的社会进步"就是明显的一例。教师在讲授春秋战国时期这段历史时，可以围绕春秋战国时期铁农具的使用并推广，铁农具逐渐代替了过去的石制、骨制的农具进行教学。首先，铁器时代的到来，标志着当时社会生产力的显著提高。其次，牛耕的逐步推广，大大提高了耕作的效率。随着生产力的发展，井田制开始走向崩溃，土地私有制确立，一家一户的个体小农生产应运而生。男耕女织、精耕细作的小农经济促成了这一时期农业、手工业、商业的空前发展，推动了中国古代社会的发展。通过这种具体的解释和拓展，使学生认识到男耕女织、自给自足、精耕细作的小农经济逐步形成，这反映了"生产关系发生根本性变革，其根本原因是生产力的进步"这一重要原理。

3. 关于社会存在和社会意识的问题

社会存在和社会意识这一唯物观点也是高中历史教学中广大师生会经常面对的一对重要关系。我们知道，社会存在主要是指物质生活资料的生产及生产方式，就是我们通常理解的物质生活条件。社会意识泛指社会生活的精神层面，这种精神的表现是社会存在的反映。社会存在和社会意识是辩证统一的。社会存在决定社会意识，社会意识反作用于社会存在，社会意识本身具有相对独立性，社会意识在自身的发展中具有历史继承性。

这一理论基础对于认识历史社会中的经济现象、政治现象、文化现象、社会现象等提供了直接的依据，是我们在历史教学中应重点学以致用的唯物史观原理。如我们在讲授历史发展中的生产工具、生产技术、地理环境、人口因素等，这些重要的历史要素都是属于社会存在的范畴。而人们的观念、心理、思想、精神等历史要素则是社会意识的范畴。在高中历史教学中的运用这一原理，一方面能使学生领会到社会存在对社会意识所起到的决定作用，如宋代、明代的社会物质生产条件对宋明理学的萌生和发展所起到的根本性作用，近代中国半殖民地半封建社会的状况对各种救亡图存的新思想的产生也是一个决定性的前提，这种规律性的认识是十分广泛的。另一方面，也要注意社会意识对对社会存在的作用，这种作用又可以分为两种，一是对社会存在的发展和推进作用，二是对社会存在的阻碍作用。这种反作用恰恰体现了社会意识的独立性。

4. 关于个人和群众的关系

历史唯物主义认为，人民群众对历史进程起着主要的推动作用，决定历史结局的主要是人民群众，杰出人物对历史发展具有重要的作用。马克思主义唯物史观从科学社会主义的本质出发，对每一个人的全面发展作出科学阐释。马克思主义提出的"全人类解放"和"无产阶级解放"，说明了科学社会主义最重要的是要实现人的彻底的解放。

"马克思最喜欢的名言之一是为人类工作。"[①]唯物史观是马克思的第一个伟大发现，他的为全人类服务的思想也包含在人与社会的观点中。人们依据各自的经济利益结成社会集团，形成特定的阶级。各阶级会在社会活动中采取一定的措施来维护本阶级的利益。马克思主义的阶级观点是唯物史观的一个重要观点。划分阶级和阶层需要注意标准的多样性，分析阶级和阶层关系，要注意差别、注意补充。如在介绍近代中国各阶级面对社会重大变化而产生的反应时，可以分阶级进行归类和阐释：鸦片战争以来，中华民族的危机加深，中国社会各阶级的利益均受到损害。他们采取了一系列的社会革命与改革活动来维护本阶级的利益。如地主阶级发动了洋务运动，学习西方科技来挽救清王朝的统治；农民阶级相继掀起太平天国运动和义和团运动，反抗封建压迫、抗击列强的侵略；民族资产阶级在近代中国也逐渐形成并发展壮大，为了进一步发展资本主义并挽救民族危机，他们推动清王朝开展了维新变法运动。这些活动一方面有利于维护本阶级的利益，另一方面也有利于抵制列强对中国的侵略，体现了强烈的爱国主义精神。如在讲授《十二铜表法》的相关内容和具体特点时，可以有针对性地指出：《十二铜表法》作为罗马的第一部成文法律，从其条文内容来看，基本上是习惯法的汇编，因为在罗马不同时代各种法规集中于此。这反映出《十二铜表法》的颁布，本质是为了保护贵族奴隶主阶级的利益，这个本质可以通过法律条文中严格维护私有财产体现出来。但是从另外一个角度看，法典的编纂依然是平民的一个胜利，这就在一定程度上限制了贵族的司法专横，贵族不能像过去那样任意地解释习惯法。

[①] 冯景源.唯物史观的形成和发展纲要[M].北京：中央编译出版社，2014：109.

5. 历史地、辩证地看待问题

历史地看待问题主要是指将具体的历史对象放在特定的社会历史条件下进行客观的思考。辩证地看待问题主要是指用联系的、发展的、矛盾的角度来看待历史问题。唯物史观主张，事物运动发展是矛盾运动的结果，所以事物总具有两面性，既对立又统一。历史地看待问题、辩证地看待问题是我们在高中历史教学中最常见的两大唯物史观的方法论。这要求我们要仔细领会这两大方法论的本质内涵，学会用历史的、具体的眼光将所评价的历史对象放在特定的历史环境中，进行有理有据的评价；另外，也要用全面的观点，进行辩证的、一分为二的评价。这将是高中生学习和认识历史一个总的"开关"。掌握不好这一精神主旨，就会在历史学习和历史研究中偏离了目标航向，事倍功半，对历史思维能力的提高和历史核心素养的提升大打折扣。

所以，笔者认为，唯物史观的方法论是开启良好历史思维方式的"金钥匙"。教师应该首先领会好两种方法论的理论实质，更重要的是将其放在具体的历史情境、历史事件中逐步传到给学生。当然这种方法论的应用要依靠具体的途径建构，如要援引历史史料，进行具体的时空建构，形成科学全面的历史解释，这本身也包含了历史核心素养的重要元素。如在认识工业革命对社会的影响，可以结合多方面的历史史料，运用历史的、辩证的方法，梳理得出以下的历史认识：一方面，蒸汽机成为主要的动力来源；提高了城市的生产力水平，丰富了城市居民的生活；改善了交通工具；促进了社会生产力的迅速飞跃；另一方面，工业革命使社会阶级关系发生重要变化，分成了两大重要阶级。工业革命同时也带来了日益严重的环境污染，生态破坏，资本家对工人残酷的剥削等严重的社会问题。

要用辩证的观点来看待历史人物也是高中历史教学中经常遇到的一个问题，也就是我们常说的运用一分为二的观点看待历史人物，防止全盘肯定或全盘否定。在运用这一唯物观点的时候，教师同样要注意进行正确的价值引领。

二、培育路径

（一）教师要正确认识唯物史观教学

1. 转变史观教育理念

老师的教育活动是学生主要素质培育的立足点，老师的教育思想对其教育行为与模式产生作用与限制。处于新时代主要素质的指导下，需要教师在规划与安排教育时需要将侧重点由知识水平转向主要素质培养。

首先，将教育重点从知识转移至素质。老师的教育思想要从关注历史知识获得转向关注唯物史观培养，唯物史观源于历史知识又高于历史知识，引导学生借助历史知识的学习，在充分了解历史事实的前提下，增加历史理解，从而形成唯物史观。

其次，将教学中心由教师转向学生。史观，简单来说是一个人对历史的看法，要给人灌输一种想法，比告诉他一件事要难得多，培养学生唯物史观绝不仅仅是把教师已经总结好的观点告诉学生，而是必须通过学生自己的学习，积累自己的经验，而最终形成自己的历史观。这就要求教师要充分关注学生，教学中以学生的认知情况为中心，注重学生问题产生、具体实践、思想转变、处理事情的整体流程，指引学生循序渐进地实施学习、钻研，然后产生唯物史观。

最后，要由抽象知识转向具体情境。唯物史观内涵和外延都是十分抽象的哲学观点，直接教授唯物史观知识学生很难能够接受，所以教师应该经由创建背景、活动钻研、角色经历、领悟完善等方式，创造历史氛围，将客观问题和实际情况联系一起，给学生培养可以使用学习内容处理实际问题的能力。

2. 科学了解唯物史观的基本理论与观点

唯物史观的基础理论在马克思、恩格斯创造的文献资料中都有体现，譬如《反杜林论》《德意志意识形态》以及《国家与革命》等。现在经常提及的唯物史观理论是从马克思、恩格斯的原著中提炼出来，经过列宁、毛泽东等人的发展，并结合了中国历史的具体情况一步步形成的知识体系。在唯物史观传播的过程中，受到不同历史时期、不同人理解的影响，唯物史观原本的样子被模糊。如果要正确地解读唯物史观，应该要抛弃我们现在对唯物史观的传统认识，摆脱固定逻辑，重点注重如今学术领域对唯物史观内容的钻研，若碰到无法解释清楚的，可以查阅马克思、恩格斯的原著，联系其生活的详细历史氛围进行认识。

历史教育从业者大都非常熟悉唯物史观基本内容，唯物史观展现了人类历史进展的基本法则。"唯物史观的核心理论或是最基本原理只有一条，就是人类历史归根到底是由'社会物质生产力'所制约的合乎规律的过程。"[1]可以把人类历史的进展历程划分为几个不同的阶段，依照时间顺序为原始阶段、奴隶阶段、封建阶段、资本主义阶段与社会主义阶段，不过因为某些特定历史氛围的作用，某些国家区域会产生跨越式发展的现象。

唯物史观把人类历史发展的根本推动力归纳为物质的发展。唯物史观将人类历史发展的基本推动力归结于物质资料的制造，以此来对人类资料生产水平进行评估，成为人类历史进步发展的基本推动因素。在生产力的三类元素中，劳动者的本质为人，是生产力中的推动元素，人制造生产用具，生产用具在一定程度上展现了生产力的进展情况，另外生产用具与生产目标限制了人的活动。在唯物史观的概念里，生产关系被生产力影响，同时又对生产力产生作用。以此进行拓展，生产力与生产关系构成的经济基本确定上层建筑，而上层建筑的某些方面又影响着经济基本。

唯物史观基本内容可以归纳成以唯物主义为基础来解释人类历史发展规律。社会意识和社会存在的辩证关系，即社会意识取决于社会存在，同时又影响于社会存在。唯物史观认为，在人类社会发展过程中，阶层争斗直接推动了历史进展，然而并非最核心的因素；在人类历史发展过程中，新事物所向披靡，但是历史的进程又是波折的；在历史进程中产生的矛盾，通常是融合统一性、斗争性、独特性与一般性的，另外不同的矛盾在某种条件下是能够彼此转化的。

---

[1] 郭小凌. 论唯物史观及其历史命运[J]. 史学理论研究, 2003(01): 12.

3. 坚持"唯物史观"指导教学

有人统计过，当前存在的历史观有上百种之多，不能全部了解，更无法判断哪些是正确的，哪些是错误的。如此多历史观的出现，使得我国唯物史观的地位受到一定的冲击，有些人开始质疑唯物史观，冷落唯物史观，这种情况也对中学历史教学产生相应影响。随着中学历史教学引入现代史观、全球史观、文明史观等多元史观，中学历史教师对历史问题的探讨角度开始多元化和创新化。然而，在与新史观接轨的过程和追求创新中，培养学生创新意识同坚持唯物史观产生了混乱，出现了偏差。例如，在讲授抗日战争时期的"大生产运动"这一内容时，有学生认为开发南泥湾破坏生态环境，这是典型的用现代生态史观分析历史问题和历史事件，如果教师对这样换个角度看问题的"创新"思维一味称赞而不是正确引导的话，那就违背了唯物史观，也将造成严重的后果，对学生正确历史观的培养有害无利。从唯物史观的角度去思考这个问题，必须将其置于当时的生产力发展水平之下。这只是个案，反映了在当前历史新课程中存在的唯物史观培养问题。广大中学教育工作者有必要对此问题进行研究，培养学生应用多元化史观的创新精神必须坚持正确把握中学历史教学中的唯物史观。中学生的历史观尚未健全，大多不能独立地看待历史问题，教师必须要在培养学生历史观时起到主导作用，不能纵容学生片面求新求异，这不仅会打乱学生既有的历史思维，更无益于学生正确历史观的培养。

（二）在高中历史教学中培养唯物史观素养的策略

1. 积极发挥唯物史观统领作用，与其他核心素养相互促进

唯物史观是历史学科核心素养中最为根本、核心的素养，也是历史学科核心素养研究的理论出发点。五大核心素养之间不是孤立地、片面地存在，而是一个整体性的要求。因此，教学设计时应该重视每个素养的培养，达到高中历史学习各方面的能力要求。

（1）发挥唯物史观的统领作用

培养历史核心素养已经成为新时代历史学科承载的重要历史教学任务，同时要注意历史学科核心素养是一个系统的、整体的概念，是不可分割的，所以在培养唯物史观基本理论之时，也不能分离史料实证、历史解

释、家国情怀、时空观念的培养。在历史课的教学设计中，重点是以培养唯物史观的科学观为主导，但同时也注重学生其他核心素养的培养。新课标的修订，特别是历史学科核心素养教育理念的提出更符合新时代对提高国民素质和人才培养质量的新要求。而唯物史观作为理论支撑，发挥着统领作用。五大核心素养的培育是相辅相成的：时空观念是历史学科特有的体现；史料实证是学习历史最重要的方法；历史解释是以史料为依据，通过对历史的不断解释，接近历史真相；家国情怀是五大核心素养的价值追求；唯物史观是马克思理论重要成果，也是历史教育的指导思想，尤为重要。五大核心素养缺一不可，不可分割。

值得注意的是，正因为有唯物史观的培养，学生才能用发展、联系、辩证的思维，看待身边的实际生活问题。学生学会用唯物史观解决历史问题，由于它的思辨和辩证的特点，培养学生的思维能力，认识人类历史发展等规律。同时，它还能为学生将来的学习、生活、工作打下坚实的理论基础和思维能力，能更好地应对未来，认识身边的现实问题，学以致用，受用终生。

（2）与其他核心素养相辅相成

历史学科核心素养的落实，要建立以唯物史观为指导并与其他素养相辅相成的培养目标。学生通过历史课程的学习逐步形成正确的价值观念、必备品格和关键能力。[①]

时空观念素养是历史学科本质的体现，历史事物总是与特定的时间和空间相联系，而时空观念在唯物史观的指导下能够从历史发展的必然性和内在联系出发去看待历史事件的发生与发展。唯物史观基本原理的体现也是通过在特定的时间和空间检验得出的理论成果。史料实证是学习历史的重要方法和基础，在历史学习中不能孤立地、绝对地看待历史事件，而是要辩证地、历史地看待问题，通过去伪存真获取有效信息，以实证精神学习历史知识。历史解释实际上就是透过历史事实，去揭示历史发展的深层次含义及发展规律，学会用全面、发展联系的眼光分析和评判历史事物，

---

① 中华人民共和国教育部制定. 普通高中历史课程标准（2017 版）[M]. 北京：人民教育出版社，2018：4.

不断接近历史真实。家国情怀就是要求学生关注于当下的社会问题，积极参与到社会实践当中，认同本国国情等，并且要形成世界格局，包罗万象，树立正确的价值观导向。

唯物史观是科学的史观。学生在历史学习的过程中，要把握唯物史观理论方向不动摇，坚持与其他素养相结合。不论是学业水平测试还是高考都是在唯物史观统领下的、符合历史学科要求的检测学生学习成果的依据。特别是在叙述史实和阐释观点上，坚持唯物史观理论依据，能够树立正确的思想导向，能够科学、全面地解释和分析历史事实，从而做到论从史出，史论结合。

2. 结合学生思维发展特点循序渐进培养唯物史观素养

新课改要求历史课程要符合学生认知水平，新课标中历史学科五大核心素养的提出就是遵循学生的身心发展规律，特别是结合学生思维发展特点修订的。新课标的提出进一步明确了高中历史教育的定位是为学生终身可持续发展奠定基础。唯物史观素养作为历史五大核心素养的灵魂，更是在促进学生全面发展上起到引领作用。

（1）辩证逻辑思维迅速发展并占据优势地位

在中学阶段，学生的逻辑思维发展迅速，特别是抽象逻辑思维已由经验型向理论型转变。唯物史观素养的培育正是要在教师引导下，学生根据以往的学习经验将具体的历史事件抽象概括出其特殊性，也包含从特殊的历史发展中归纳出一般规律。高中生的抽象逻辑思维开始运用概念和假设进行思维活动，按照提出问题、明确问题、提出假设、检验假设的顺序经过一系列的思维活动，得出解决问题的答案。

例如，（2018年天津文综）1830年，剑桥大学数学教授查尔斯·巴比奇出版《论英国科学的衰退》一书，分析了欧洲各国的科学状况，指出英国的业余科研传统正在使英国丧失曾经拥有的优势。他呼吁英国人必须将科学作为一项事业来加以关注，科学家应受到良好的培养和教育，并成为一种职业。这反映出

A. 欧洲其他国家科学水平超过英国

B. 英国丧失原有的优势地位

C. 英国科学家普遍缺乏培养和教育

D. 工业革命的不断扩展

根据这道题的已知条件，学生首先要根据题目给出的时间和空间明确是有关工业革命的问题，而1830年是英国第一次工业革命的后期，此时生产力的迅速提高要求科学技术向更专业化发展，选择出正确答案 D。接下来根据题干和所学知识分析验证答案是否正确：回顾工业革命，学生可以认识到此时英国工业革命的发展主要是借助于有经验的工人进行发明改良，但这并不能说明英国的科学水平落后于其他国家，也不能说明科学家普遍缺乏培养和教育；而且根据时空定位，我们可以看出英国即将成为第一个完成工业革命的国家，并没有丧失其优势地位。

高中生的历史学习内容相较于初中生更加繁复、深刻，因此，在历史学习中运用辩证唯物主义的观点解决历史问题，逐步提升学生辩证逻辑思维的发展。学生在长此以往的训练中，能够循序渐进地运用全面、联系和发展的观点发现问题、分析问题，从而完成解决问题的目标，发挥出辩证逻辑思维的优势地位。

（2）学生思维自我监控和反思的发展

从学生角度来讲，随着辩证逻辑思维的发展，学生更要建立自我监控和反思的能力。新课改要求改变以往应试教育带来的学生机械式的学习方式，加入学生自我评价、反思的方法。学生思维自我监控和反思的发展，就是不断地将自己的认知活动进行积极主动的控制和调节。近年来，历史高考的改革，使历史试题更多地是根据材料分析而得出答案。这就要求学生掌握更多的历史知识，特别是在平时的自测自查中检验学习成果。因此，学生历史知识的学习要有计划性、准备性和方法性，特别是重视自我反思和监控能力的培养。学生在历史学习中要注意学习态度，要树立主体意识，培养独立思考、主动学习和开拓创新的能力，进而实现唯物史观素养的培养。

（3）以学生为本位，真正贯彻唯物史观素养

唯物史观素养的培育是高中阶段历史学习的重中之重，有利于帮助学生形成正确的人生观、价值观。新课标更突出中学历史教育的基础性、

普及性和发展性的特质。中学历史作为基础教育学科，将历史课程类别调整为必修、选择性必修以及选修课程，为学生不同方向的发展提供更多的选择。而唯物史观素养的提出，就是在以学生为主体的历史教学中发挥引领作用，对人类历史的发展进行科学的阐释。高中不同年级的学生的学情有不同的特点，如高一学生刚从初中生转变而来，对于高中历史内容的繁杂、深度有一定的不适应。此时把握不同学情，有针对性地进行教学设计，成为学生学习历史，贯彻唯物史观素养的重要方法。

新教材的编制以通史为叙事框架，因此学生在具备中国史学习的基础上再学习世界史，将更有助于唯物史观素养的培育。高中阶段的学生通过初中的历史学习已经对人类历史发展的脉络有一定的认识，但对唯物史观的理解程度还不够，而高中阶段学生在其他学科的学习中会接触到唯物史观的相关理论，历史教师从而根据学生的学习情况注意从历史的角度加深学生对唯物史观的理解。

3. 结合高中历史教学课程内容特点合理布局，达成唯物史观素养培养目标

（1）如何确定与把握关键问题

新版教科书以通史的形式分为"中国史"和"世界史"两部分，教师要根据教科书对中外历史的内容进行整合，概括和总结出专题中的关键问题，并将问题的解决与核心素养的培育相结合。唯物史观将人类历史的发展进程视为一个有机联系的社会形态演进过程，是认识人类历史进程的规律性的指导性观念。应将高中历史课程视为相互联系的整体，合理布局，以唯物史观为统领，在进行整体课程设计的过程中，兼顾五大核心素养的培养目标。唯物史观的基本观点包括生产力和生产关系的相互关系、社会形态的更替、经济基础和上层建筑、意识发展的若干规律、阶级和阶级斗争等观点。应以这些基本观点为指导，合理进行课程设计，将这些观点与基本史料相互结合，循序渐进地使学生理解唯物史观的基本观点，通过多种教学方法引导学生辩证地分析历史问题，能以辩证的方法探讨事实，科学的认识人类社会的历史发展进程。

以唯物史观把握人类社会宏观历史发展进程，有助于帮助学生形成

较为系统的历史认识，以人类社会形态演进作为历史发展的主要线索，强调人类历史从孤立、隔绝到相互联系的发展进程，随着人类交往关系的发展，世界历史作为历史发展的结果就出现了。在历史发展过程中，各个国家和区域的相互隔绝被打破，交往关系日益发展，人类历史总体进步趋势能够被学生所认识。以此框架将中国史和世界史的史实相互联系，有助于学生形成系统的历史观念。

在教学过程中，应当根据教材内容特点分层次进行课程设计并引入多种教学方法。将宏观历史进程和微观的历史事件相互联系，处理好整体历史进程和社会进程中的政治、经济及文化变迁间的相互关系；将唯物史观的基本观念同具体的历史知识相互结合，使学生通过具体的知识讲授和课堂讨论理解这些观念。

在学习新内容之前，教师要注意梳理学习专题的基本线索和关键问题，从而引导学生运用唯物史观的基本立场、观点和方法进行学习。如必修课程中"改变世界面貌的工业革命"这一学习专题，涉及的史事范围主要是工业革命的进程，其中主要学习两个关键问题：一个是工业革命带来生产关系的发展和生产关系的变革，二是工业革命对资本主义世界体系的形成以及对人类社会产生的影响，是本专题的核心内容。在教学过程中，教师要紧紧围绕这两个关键问题进行设计、让学生能够全面、正确地认识课中唯物史观的具体内容——在本专题中主要涉及了生产力与生产关系的辩证关系、人民群众在社会发展中的重要作用等基本原理。

在历史教学当中所涉及的中国史或是世界史都要理清生产力和生产关系之间的辩证关系。例如，在讲述工业革命这段时期的历史时，随着飞梭等织布工具的进步推动纺纱工具更新，特别是随着生产技术的提高，促进工业化时代的到来，标志着社会生产力的迅猛发展。当然，也正是由于蒸汽机等动力问题的解决，提高了生产效率，手工工场逐渐被工厂制度所取代。随着生产力的发展，封建制度逐渐瓦解，机器的发明和使用成为工业化的标志。生产、动力以及交通运输领域的发展使世界从一个传统的农业社会演变为现代工业社会。通过对工业革命史的梳理，学生可以认识到蒸汽机、发电机和内燃机等科学技术的发明推动生产方式的转变和发展，究其根本原因就是生产力的发展推动了生产关系的变革。

（2）提炼教学重点内容，设计学习主题

传统教学中，教师往往依托教材选取教学重点内容，但是新课改要求学生要参与到教学中来，特别是五大核心素养的提出要求历史课程培养学生形成正确的价值观念、必备品格和关键能力。因此，在教学中教学重点内容的整合和提炼是课堂教学需要解决的核心任务，并且高中阶段学生的逻辑思维能力发展迅速，在课堂设计中更要制定相应的学习主题。

如同我们每一单元的单元主题一样，一节课的学习主题也尤为重要。在新教材中尽管由原来的专题史改变为通史，但是每一单元的单元主题设置非常严谨，例如《中外历史史纲（上册）》中，第五单元"晚清时期的内忧外患与救亡图存"主要是介绍鸦片战争后的数十年间，中国陷入内忧外患，社会各阶级为挽救中国作出的努力以及存在的局限。在这一单元主题中可以基于介绍中国近代史——屈辱史的基调去学习，可以培养学生的家国情怀。由此可见，根据学生的学习规律，将单元内容进行有逻辑的重组和开发，可以重点培养学生的历史核心素养。

在"工业革命"一课中，关于工业革命的发展过程学生在初中阶段已经学习过，因此，在本课的教学设计中，不在将其作为在重点内容进行讲述，通过对第一次和第二次工业革命之间的比较，归纳总结出工业革命所产生的深远影响。本课是以培养学生唯物史观素养为主，兼顾其他诸素养。因此，可以将本课的学习主题设计为"生产力引起的生产关系的变革"。根据这一主题，教学设计中可以设置为两种教学方式：一是加强历史的横向联系。例如，第一次工业革命完成后，西方各国为积累资本和原料，对东方国家进行殖民统治。以中国为例，通过战争，利用洋枪洋炮打开中国的大门，一方面是中国人民陷入水深火热当中，沦为半殖民地半封建社会；另一方面也加速了中国近代化的进程，开启了一系列救亡图存的运动。二是可以凸显历史的纵向联系。英国能够率先完成工业革命，离不开资本主义制度的确立，这就要求教师在教学中带领学生回顾前一章内容，同时也对世界格局产生影响，特别是社会关系的变革，出现两大对立阶级，也为接下来《马克思主义的诞生与传播》一课交代背景。通过历史纵向联系主题的整合，对学业水平测试和高考都起到了深度学习以及复习巩固的作用。

除了根据教学重难点的确定，还可以根据学情，采用多种教学模式，设计出更具有探究意义的教学主题。在新课标的引领下提前预设学生在课堂中可能出现的反应，设计具有可行性的教学内容和主题。在充足的准备下，教师可以根据实际教学情况对教学内容、教学过程进行合理的调整，从而有利于学生唯物史观素养的发展。

（3）在教学评价中考察唯物史观的掌握情况

历史学界主要是从马克思主义哲学界抽象概括出唯物史观的基本原理和基本理论命题来解释历史，并用历史事实来检验这些命题是否正确。[①]在历史教学中把握唯物史观基本原理，根据具体问题具体分析，综合运用教学评价。

①注重评价主体多元化和评价方式多样化

教学评价包含教师、学生、家长等评价主体，学生随着认知水平的变化。自我的反思能力不断加强，学生学习成果的检测要在教师的引导下进行，根据学习中出现的问题，对自身的学习态度和方法进行调整。同时，学生作为教师教学过程中的直接参与者，对教师的教态、教学水平、语言组织能力、板书设计等都有直观的感受，这也要求学生能够客观地评价教师的教学。通过师生之间的自测互测，发现教学中存在的问题，修改教学设计，调整教学过程，完善教学方式和手段。教学评价主体的多元化决定了教学评价过程需要学生和教师的共同参与，教师的教学水平直接影响课堂教学质量，同时，学生参与的积极性也是影响教学的重点。因此，教学评价不再是以传统教学中考试成绩为标准，而是对教师的业务能力、创新能力提出更高要求，采取师师互评、学生评价以及自我反思等多种评价方式。而学生的课堂表现、课后作业以及考试成绩的反馈都反映了教师的教学质量。教学评价不仅要注重结果，更要注重教学过程，学生的参与度、

---

① 吴英. 在史实的检验中重建唯物史观的解释体系[J]. 上海师范大学学报（哲学社会科学版），2019（06）：25.

知识的掌握情况以及教师的问题引领、教学设计是否以学生为主体都影响了整个历史教学。

②注重量化评价与质性评价的有机结合。

历史课程属于人文社科类学科，理论知识较多，在教学过程中教师要注意与实际、与其他课程相结合，通过多重考查才能检验出学生的学习成效和教师的教学质量。历史教学并不适合题海战术，学生只有在熟悉某一历史理论时，才能更好地取得进步。特别是当教师要对唯物史观相关内容进行检测，在检测之前教师务必确保上课时向学生渗透过唯物史观的理论和方法，学生能够运用唯物史观方法去解决问题才是学生学习从量到质的变化。同时，在随堂检验或是测验中一定要注意选择题目的信度和效度，选择具有代表性的、且难度适中的题目效果最佳。教学评价在唯物史观指导下要培育的是能够理论联系实际、辩证地、历史地看待问题的人才。

在中学历史教学中，教师应该根据课程标准的要求，充分理解教材，同时以唯物史观为指导，运用唯物史观分析历史问题，根据学生的学情特点选择最佳教学方法。

第三章　高中历史学科中时空观念的培育

时间与空间是历史发展离不开的两个要素。在流淌的时间和变换的空间中的人、事、物最终交织成一条复杂瑰丽的历史长河，吸引着人们孜孜不倦地去追寻与探索。因此，学习历史，必须要对历史的时空有自己的理解与感悟，才能更好地发现历史，解读历史。2017版课程标准界定："时空观念是诸素养中学科本质的体现，是历史学科有别于其他学科的重要特征"[①]，因此，在历史教学中，如何帮助学生更快、更好地形成时空观念，掌握正确的历史学习方法，真正具备历史学科的思维品质，应当是每一位教师都要深入思考与研究的问题。

本章从历史时空观念相关概念界定入手，分析历史时间与历史空间的关系，阐述《普通高中历史课程标准（2017年版）》对时空观念素养所做的五大不同层次的解读，对时空观念的内涵进行细致的目标分解；接下来重点探讨高中历史教学中时空观念的培育路径，包括引导学生理解史事与时空的联系、引导学生掌握划分历史时间与空间的方式、引导学生按照时空要素构建历史、引导学生在时空框架下解释史事、引导学生在时空条件下认识社会现实五个方面。

---

① 中华人民共和国教育部制定. 普通高中历史课程标准（2017年版）[M]. 北京：人民教育出版社，2018：4.

一、主要内容

（一）历史时空观念相关概念界定

1. 历史时间

任何历史事件都是在一定的时间下发生的。研究历史，一定离不开时间。提起时间，大多数人的第一反应会认为时间指的是某个具体的时间点，但是，历史学科中的时间概念跟物理中的时间是不太一样的。那么，我们该如何认识历史时间概念呢？

历史学科中的时间概念和物理学科中作为测量单位的时间概念是有着显著差异的两个概念。"历史学的时间不是一种度量单位：历史学家不用时间来度量、比较朝代的长短，这没有任何意义。历史的时间可以说是糅合在问题、资源和史实之中，它就是历史的本质。"[1]王廷科认为："科学的时间概念应当是年代的时间概念和逻辑的时间概念的统一。"[2]赵恒烈指出历史时间不仅是一个具体的时间点，还包括了历史事件对历史发展及其进程的各种影响。[3]可见，历史学科中的时间观念不仅仅是一个时间点那么简单，它是具有逻辑性的。以1840年的鸦片战争为例：1840年不仅仅是鸦片战争这一历史事件开始的时间，它还蕴含着更深层次的逻辑性概念——它意味着中国古代史的结束，中国开始步入中国近代史阶段。此外，费尔南·布罗代尔（F.Braudel）提出了著名的"三时段"理论：历史时间包括地理时间、社会时间和事件（个体）时间。这三种时间分别为"长时段""中时段"和"短时段"，它们对应的历史事物分别是"结构""局势"和"事件"。不同的时间对历史进程的影响不尽相同。在这三种时间中，作为"长时段"的地理时间是变化最缓慢的，社会时间次之，事件（个体）时间最快。快慢节奏的不同，对历史进程的影响也不同。[4]

---

[1] [法]安托万·普罗斯特. 历史学十二讲[M]. 王春华译. 北京：北京大学出版社，2012：89—90.
[2] 王廷科. 谈谈历史教学中的时间概念和空间概念[J]. 历史教学，1980（06）：56.
[3] 赵恒烈. 历史教育学[M]. 石家庄：河北教育出版社，1989.
[4] [法]费尔南·布罗代尔. 菲利普二世时代的地中海和地中海世界（第二卷）[M]. 北京：商务印书馆，2011.

总的来说，历史时间主要具有三大特征。一是历史时间是年代的时间和逻辑的时间的统一，而不是单纯地作为度量单位的时间刻度。单纯的某个时间点不能够称为完全意义上的历史时间，还要把历史时间与具体的历史事件、人物联系起来，这是科学完整的历史时间。如，1949年10月1日不仅仅是中华人民共和国建立的时间，它更代表着中华民族从此结束了充满屈辱的中国近代史，步入中国现代史，中国人民从此站起来了。二是历史时间具有时序性和延续性，不可逆转。时间是不可逆的，因而，我们在学习历史的时候，要尊重历史的时序性。如"中国近代史"这个时间概念，它描述的是中国历史中的其中一个阶段，上承中国古代史，下启中国现代史，它们之间的顺序不可逆转，同时也都不是孤立的，都属于中国历史的一部分。三是历史时间呈阶段性变化。在不同的历史时期，历史有不同的阶段性特征，是区别于其他历史阶段的显著特征。如中国近代史可以分为旧民主主义革命时期和新民主主义革命时期两大阶段。

2. 历史空间

历史领域中的空间概念又是什么呢？历史空间指的就是地理位置吗？受惯性思维的影响，大部分的人常常把历史空间等同于地理环境，认为历史空间其实就是某个具体的地点或某片具体的地域。很多历史教师把历史学科中的空间观念跟地理学科中的空间位置和空间环境等同起来了。因而，他们在培养学生的空间观念时只是在历史课堂上对于历史相关的地理位置、地形地貌进行讲解。很多学生可以识别历史地图，也可以记清历史地点，但是，当提到某一历史现象、历史事件为什么会在某地发生时，他们却答不上来。如，学生能够清楚地知道南京、洛阳等地的古今方位，但却说不出为什么南京会成为六朝古都，孝文帝为什么要迁都洛阳。这能说他空间观念已经掌握得很好了吗？显然不是。我们应该从更深层次处理解空间的内涵。

实际上，历史空间的概念十分宽广，内涵也相当复杂。在大多数时候，空间是具体的，如空间位置、地点、场所，我们根据这个具体的地点定位空间，这属于地理空间。但是，"从引申义讲，场所则可指代容纳某类主题的话语或思想于其中的框架性的'容器'"①。"空间本身是人类过去行为的结果，经长期演化而形成的物质存在，它不再是简单的场所空间、环境空间，而是具有了丰富的内涵。"②也就是说，历史空间除了指具体的某个位置、地点、场所等地理空间外，还包括在这个地理空间上凝聚的某一集体的记忆或文化、观念、人际关系等社会历史空间，这些内容随着历史时间的不断推移，会左右整个历史进程及其中的每个人或社会共同体的各种情感和行动。

以辛亥革命在武昌爆发的原因为例。武昌城本身是一个具体的地点，在很长一段时间内这个地点的位置是不会发生太大的改变的。当我们在思考为什么武昌起义在武昌爆发时，要想到武昌的地形、地貌等地理空间。作为地点的武昌以及它的地形和地貌都是空间观念中的地理空间。但是，地理空间只是武昌起义爆发的其中一个原因，这些地理空间因素与其他地方也差不多，为什么就偏偏在武昌爆发了武昌起义呢？因此，我们还要考虑到这个时期领导武昌起义的又是哪些人？他们为什么要发动起义？通过分析，我们就会发现当时武昌的社会空间环境也是造成起义的重要原因之一。于是，我们就需要深入当时的武昌，反思当时武昌的政治、经济、文化等社会环境和社会关系，这些都是构成历史空间内涵的重要因素。它不是纯粹的地理空间，而是蕴含着社会关系的社会历史空间。

因此，科学的历史空间概念应该至少包含着两个方面：一是地理空间，即具体的地点位置、地形、地貌等。二是在具体的地理空间上产生和形成的承载着某个集体共同的记忆、观念、认同感和人际关系等内容的社会历史空间。历史地理空间和社会历史空间共同构成了历史事件、历史现象产生的历史空间。

3.历史时间与历史空间的关系

虽然在上文中，笔者分别对历史时间和历史空间的概念展开解析，但实际上两者并不是彼此独立的，而是密切且互相交织的。对历史上客观事物的认识，不论是具体的还是抽象的，都要在一定的时空观念下进行，这

---

① 龙迪勇.历史叙事的空间基础[J].思想战线,2009(05):68-69.
② 陈志刚,覃玉兰.历史空间的内涵与空间观念素养的培育[J].历史教学(上半月刊),2018(02):21.

是历史认识的首要条件。[①]时间和空间是历史的两个最基本的要素，它们就像是历史的纵坐标和横坐标，共同构建完整的历史时空坐标轴。

所有的历史事件、历史人物和历史现象都是在历史的时间和空间结合之下产生的。脱离时间和空间，历史便像是脱离土壤的花朵，是无法存活的。我们学习历史、研究历史都要在特定的时间和空间下进行，不能只是单独在时间或者空间进行。时间和空间如果相脱离，就没办法把握历史的完整性，而且，当时间和空间相互脱离时，学生学习到的只是一个个破碎的、零散的、没有关联的知识点。缺乏历史时间观念，学生便会分不清历史发展的顺序，在错综复杂的历史当中头晕目眩。缺乏历史空间观念，学生就会在历史的长河中找不到方向。当历史时间和空间完美结合时，学生能理解整个历史的延续和变迁过程，不仅能够掌握历史事物与历史事物之间的因果联系，也能够领略历史的整体与局部、统一与多样之间的关系。

（二）历史学科核心素养中的时空观念

《普通高中历史课程标准（2017年版）》明确提出要在历史教学中培养学生的历史学科核心素养：唯物史观、时空观念、史料实证、历史解释和家国情怀。在这五个核心素养当中，时空观念应当属于其中最能够体现历史学科特色的素养之一，同时它也是最基础的历史学科核心素养。

要深入研究和探索培养当代高中生正确时空观念的教育方法和教学策略，历史教师首先要全面理解作为历史学科核心素养的时空观念的具体内涵。如果连其内涵和要求都没有了解清楚就贸然地进行培养，无异于无头苍蝇一般，找不到方向和目标。在失去了目标和方向的情况下，做任何一件事情都可能是徒劳无功的。时空观念是在特定的时间联系和空间联系中对事物进行观察、分析的意识和思维方式。所有的历史，都离不开三个最基本的要素：人、时间和空间。所有的历史事件或历史现象都是在特定的时空下发生发展的，只有将历史事件和历史事物置于具体的时空框架下，才能对其有准确的认识。这是时空观念的总的概念和特征。要对培养时空观念，还要对时空观念的内涵进行细致的目标分解。

[①] 于友西等.历史学科教育学[M].北京：首都师范大学出版社，1999.

《普通高中历史课程标准（2017年版）》对时空观念素养做了五大不同层次的解读。

1. 知道特定的史事是与特定的时间和空间相联系的[①]

通过历史的学习，能够理解历史事件是与特定的时空相联系下发生、发展的，是时空观念素养需要达到的目标之一。这一目标相对于其他层次的目标来说，是比较容易达到的层次。这一层次的目标主要是识记方面的要求，但更重要的是学生要知道和理解史事是与时空密切相关的，在认识史事或者做历史习题的时候要下意识地考虑相关的历史时间和空间信息。如，在学习辛亥革命时，学生应首先对关于辛亥革命的时间和空间信息敏感，把辛亥革命置于特定的历史时空下，与史事关联起来。这要求学生识记辛亥革命的具体的时间和空间。在时间方面，学生要识记特定事件发生的时间点或时间段。在空间方面，学生主要掌握的是历史空间中的地理空间，即识记和了解辛亥革命爆发的地点位置、地形和地貌等因素。

2. 知道划分历史时间和空间的多种方式，并能够运用这些方式叙述过去[②]

历史离不开时间和空间要素，关于划分时间和空间的方式也有很多。在历史时间方面，要掌握历史的纪年方法、历史的分期、历史的时序以及特殊时期的历史术语等。在历史空间方面，要知道古今异名的变化、特殊的空间术语，掌握一定的读图识图能力。并且能够在知道这些划分历史时间和空间的方式的基础上，用这些方式表达、叙述历史。

3. 能够按照时间顺序和空间要素，建构历史事件、历史人物、历史现象之间的互相关联[③]

无论是历史事件还是历史人物，都是在特定的时空下才得以存在的。

---

① 中华人民共和国教育部制定. 普通高中历史课程标准（2017年版）[M]. 北京：人民教育出版社，2018：6.

② 中华人民共和国教育部制定. 普通高中历史课程标准（2017年版）[M]. 北京：人民教育出版社，2018：6.

③ 中华人民共和国教育部制定. 普通高中历史课程标准（2017年版）[M]. 北京：人民教育出版社，2018：6.

历史的人物、事件、时空看似是彼此独立的，实际上互相关联。学会构建历史事件、人物以及现象与时空之间的关联，是高中生必须掌握的时空观念。仍然以辛亥革命为例，这一层面的要求既要识记辛亥革命发生的时间和地点，也要按照时序和空间要素建立起辛亥革命与具体的人物、现象三者之间的关联，而不是脱离辛亥革命的人物、现象和时空，孤立地看待辛亥革命这一事件。辛亥革命爆发的同时期国外发生了什么历史大事？它们之间有什么关联？这需要把辛亥革命放在历史的时序和空间中去思考。

4. 能够在不同的时空框架下对史事作出合理的解释①

高中生不仅要能够掌握史事与时空的联系，还要能够在特定的时空下对历史事件进行合理的解释、概括和说明，理解历史的因果关系和延续变迁。如，在讲述1911年辛亥革命为什么会在武昌爆发的原因时，要结合具体的时间和空间进行理解。学生既要知道辛亥革命运动爆发的时间和地点，也要了解辛亥革命的前因后果和社会背景。在时间方面，学生不仅要识记辛亥革命爆发的具体时间，还要具有一定的时序意识，联系辛亥革命爆发前后的历史事件对史事进行解释。在空间方面，要求学生掌握的是空间观念中的社会历史空间。学生不仅仅要知道辛亥革命爆发的地理空间，更要了解在具体的地理空间上产生和形成的承载着辛亥革命起义群体共同的记忆、观念、认同感和人际关系等内容的社会历史空间。这就需要深入了解当时武昌的政治、经济、文化、军事等社会环境。

5. 在认识现实社会时，能够将认识的对象置于具体的时空条件下进行考察②

历史时空观念的培养并不仅仅只是局限于对于历史知识的识记层面。对时空观念素养最高层面的要求，便是要能够在认识现实社会时，将其置于特定的时空框架下进行考察。历史是过去和现实的对话，是当代人站在当今时代对过去的认识和了解。历史是过去的现在，现在是正在经历中的

---

① 中华人民共和国教育部制定. 普通高中历史课程标准（2017年版）[M]. 北京：人民教育出版社，2018：6.

② 中华人民共和国教育部制定. 普通高中历史课程标准（2017年版）[M]. 北京：人民教育出版社，2018：6.

历史。要透过时空，将历史迁移到现实中来，解决现在存在的问题，做到以史为鉴、以史明智。

时空观念目标的提出是有其内在逻辑和深意的。这在以上五点要求中，表面上看似没有关系，实际上具有明显的层次性和递进性。第一个要求可以概括为能够将史事与特定的时空联系起来，第二个要求要能够掌握划分历史时空的多种方式并叙述过去。这两点要求简单地说，就是只要求学生能够知道和识别历史中常用的不同的时间和空间的术语，知道历史时间和空间是相联系的，主要属于识记层面，考验的是学生的识记能力。但从第三个要求开始，就转向理解、运用、论述层面了。它不仅是只要求识记历史时空知识，还要求学生能够运用时空观念来分析和解释、理解历史。第三个要求能利用时空构建历史，要建构起史事与时空之间的联系，主要是指历史的横向和纵向联系。第四个要求是能够在特定的时空框架下解释历史。第五个要求要能透过时空考察历史与现实问题。很明显，后面三个要求要比第一和第二层次的要求要高，光靠识记是没办法达到这些要求的，要学会理解和运用。通过历史学习，学生要能够按照历史时序和地理因素，建构历史事件、人物、现象之间的关联，在长时段、大范围上理解历史变迁的意义，并能选择恰当的时空对史事作出合理的解释，在认识历史和现实问题时也能够将认识的对象置于具体的时空条件下进行考察和分析。运用层面的要求，更考验学生的知识水平，同时也是高考历史考查的重点内容。由此可见，这五大要求中，具有层级性和递进性。它要求学生的时空观念素养要随着教学的深入而提高，反映的是学生历史素养的提高，而不是孤立的知识点的记忆。

因此，鉴于时空观念素养的具有明显的层级性和递进性，教师在培养时空观念的时候，要深刻理解时空观念目标中的层次结构特点。要根据不同的层次要求，采取不同的方法。

二、培育路径

新课标强调在历史教学中培养学生的时空观念，是为了让学生具备历史思维方式，能够更好地理解、解释、评价历史，形成正确的史观，具备家国情怀。这需要教师深入地进行研究和实践，真正地把对时空观念的培养融入历史教学中。基于以上认识和课程标准对时空观念的培养要求，结合本人的教学经验，笔者认为可以从以下几个方面逐层突破，帮助学生尽快形成、构建历史时空观念。

（一）引导学生理解史事与时空的联系

在日常授课的过程当中我们发现，很多学生之所以时空观念缺失，是由于他们并不理解什么是时空观念，不明白特定的史事与特定的时空是相联系的，所以学生在认识一个史事的时候，往往只在意它的原因、过程与影响，并不关注它发生的时间与地点。因而教师需要通过教学，引导学生理解特定的史事的发生与特定的时间与空间是有密切联系的。有了这样的意识，学生才能够在分析问题的时候，将特定的历史事件，放在特定的时空当中去考察，才能够真正设身处地理解历史。

1. 运用典型课例说明史事与时空的联系

为了帮助学生理解史事与时空的联系，教师可以运用一些具有典型性的课例进行说明，比如人民版必修一"民主政治的摇篮——古代希腊"一课，就可以很好地说明这个问题。

首先，教师要让学生理解"古希腊"这个特定的时间，希腊的"古代"是多早之前呢？课本中对此并没有明确的表述，但是这一课中提到了两个时间，一个是希腊城邦出现的时间是"公元前8世纪左右"；第二个是"公元前490年"。由此我们可以引导学生进行推断，"古代希腊民主政治"这一史事发生在距今大约2300至2700年前，但这只是一个空泛的概念，学生通过这个时间只能形成希腊确实很古老这样的认识。但倘若教师再进一步引导学生联系此前学过的中国古代史的内容，学生就可以得到这个时期大致相当于中国古代春秋战国时期的认识。这时，学生就会有一个比较具象化的时间认知，并形成中外的时空联结，把中国的春秋战国和古希腊放置在同一个历史平面上。这时候教师就可以进一步提出问题，为什么同一个历史时期，中国形成的是专制政治而古代希腊形成的却是民主政治呢？这时候，就可以进一步展现古代希腊的特殊地理环境对古希腊的民主政治形成的影响。

在人教版的高中历史必修一中，特别对古代希腊的地理环境做出了详细的描绘："古代希腊地处地中海东部，扼欧、亚、非三洲要冲……在希腊，找不到肥沃的大河流域和开阔平原，连绵不绝的山岭沟壑将陆地隔成小块。但是浩瀚的海域却赋予希腊先民以广阔的发展空间。这里海岸曲折、港湾众多，绿岛相连，地中海式气候温和宜人，海洋资源条件得天独厚。"在这段描述后，进一步进行推论：土地的贫瘠和缺乏限制了粮食生产，而地中海的气候却又适合葡萄与橄榄的生长，为了解决粮食的困难，维持生计，希腊人只好进行海外贸易与殖民活动。而海外贸易与殖民活动进一步促成了希腊人对平等互利观念的接受，希腊城邦宽松自由的社会氛围日渐形成，从而推动了古代希腊民主政治的确立。

相对希腊而言，古代中国有着广袤的疆域，内部平原广袤，但三面受到阻隔，交通极不便利，从而形成了与外部世界半隔绝的状态。这样的地理环境为统治者开创统一的政体创造了有利的条件，从而对中国长达几千年的专制主义中央集权的封建社会的形成产生了一定的推动作用。

通过这样的典型课例分析，学生就能够对特定史事与特定时空的联系性产生初步的认知。

2. 运用历史地图说明史事与时空的联系

历史地图是非常好的历史教学工具，恰当地运用历史地图，也可以很好地帮助学生理解史事与时空的联系。

首先要培养学生读图、分析图的能力。历史地图也是地图的一种，学生首先得具备读地图的能力，这就与地理学科有关了，其中包括最基本的比例尺：也叫缩尺，比例尺=图上距离/实际距离，在同样的图幅上比例尺越大，地图上所表示的实际范围越小，但表示的内容越详细，精确度越高。比例尺越小，则表示的范围越大，内容越简单，精确度越低；在有经纬网的地图上判读方向，经线指示南北，纬线指示东西，在有指向标的图上判读，指向标指示北方，在没有任何标记得图上判读，遵循"上北下南，左西右东"；图例是地图上表示事物的符号，常注明在地图的边角上，是表达地图内容的基本形式和方法，是现代地图的语言，是读图和用读所借助的工具，注记是在地图上起说明作用的各种文字、数字，和符号相配合。历史地图的使用需要在普通地图知识的基础上结合历史学科的特殊性，例如注意使用过程中古今地名的不同、古今行政区划的不同，以及历史地图所附带的信息表、标题、图例等，结合这些信息去分析历史地图。分析历史地图是我们利用历史地图的最终目的，通过对历史地图的分析我们能够从中获取事件发生的相关因素以及它所产生的一系列影响，例如在"新航路的开辟"这一课上向学生展示《丝绸之路路线图》。新航路开辟的是新商路，而丝绸之路是原有的旧商路，从旧商路中我们能了解到当时的时空背景是奥斯曼土耳其帝国霸占旧商路，旧商路的不畅通导致欧洲经济出现危机，为化解商业危机只能开辟一条新的商路，这便成为新航路开辟的直接原因。历史地图能够反映当时时空下的政治经济状况，用历史地图来引导学生更深入地理解历史，不仅能培养学生历史关联和思维能力还能增强学生的时空感。

其次要选用适当的历史地图。历史地图的分类方式十分的丰富，从不同的角度去分类，我们可以划分出非常多种类的历史地图。在使用过程中针对一件事情我们没有必要使用与之相关的所有历史地图，这样既十分繁杂又起不到历史地图所呈现的直观作用，我们只需有针对性地选用历史地图来解决我们教学中的问题。例如我们在学习"希腊民主政治"这一课内容时，地理环境古希腊民主政治产生的重要影响因素。古希腊的地理位置、地理范围是多海岸线和天然良港，为希腊提供了通向世界的便利通道，商业贸易者攫取整体利益的政策有助于古希腊人平等观念的形成和民主政治的建立。这里我们需要向学生展示的是《古希腊的区域范围图》。区域范围图可以帮助学生从位置环境来判断。另外，由于环海多山的自然条件，海洋和山峦的阻隔，把希腊分成众多的小国，政体上形成了小国寡民的城邦政治。文化上平等、民主、开放、进取，促进民主政治的产生。这里再使用古希腊的区域范围图就不合适，没有针对性了，更适合使用《古希腊地形图》。

由此可以看出，当我们需要了解地理位置时就选用地理范围的图，当我们需要了解地形因素是就选用地形图，当我们需要了解政治经济文化当中的某一类知识时就选用某一部分的历史地图，不需要在同一地图上全部展示出相关的信息。选用具有针对性和适当的历史地图能够更好地依靠地图来进行历史解释，能帮助学生更好地理解历史、构建更清晰的历史时空感。

最后历史地图的使用要善用对比。不管是不是在历史地图中，对比是一种很直观展现事物发展趋势或者事物异同的方式，当我们在历史地图的使用中采用对比这种学习方法时，它能够催化历史地图的作用，在直观的基础上更加简洁高效。例如我们在学习"鸦片战争"这一课时，我们使用《鸦片战争示意图》和《第二次鸦片战争示意图》。

第一次工业革命后西方列强用坚船利炮打开了中国的大门，强迫中国签订了不平等条约，开放了一批通商口岸，从而来达到其开拓海外市场和抢占原料产地的侵略目的。但由于中国当时是自给自足的小农经济，通商口岸的开放并没有给列强带来想象中的利益，为了攫取更多利益，列强发动了第二次鸦片战争，强迫中国签订了不平等条约，开放了一批新的通商口岸。从《鸦片战争示意图》和《第二次鸦片战争示意图》中我们可以看到两次通商口岸城市开放的位置，从"五口"通商到"十口"通商，增加对外开放的范围；通商口岸的地理位置从原本就设有对外开放的广州等沿海地区，到从未对外开放过的长江沿岸城市汉口等内陆地区，可以看出列强对中国的侵略逐渐在深入内地，侵略程度在不断地加深。通过这样的对比使用可以更好地帮助学生了解历史进程，让学生能在特定的历史时空背景下去分析历史，结合课本知识进行历史探究，揭示历史的变迁和发展规律。

（二）引导学生掌握划分历史时间与空间的方式

时空观念素养的培养，要求学生知道划分历史时间和空间的方式，并能够用这些方式叙事。达成这一素养的前提是学生要对各类时间术语和空间术语有基本了解，知道历史的纪年方式、分期方式；知道古今中外地名的差异和位置的区别。在初中阶段的学习中，由于这方面知识的缺失对应试并没有太大的影响，初中老师一般很少进行系统的讲解，所以在进入高中后，对学生进行这方面知识的补充是十分有必要的。

1. 纪年方法

首先，要让学生知道古今中外为了计量时间，人们创造出了多种多样的纪年方法。比如我国古代，就有王公即位年次纪年法、星岁纪年法、干支纪年法、年号纪年法等几种常用的纪年方法。在世界上，除了目前通用的公元纪年法外，不同的国家也还有希腊纪年、罗马纪年等富有本民族特色的纪年方式。而在宗教领域，也有伊斯兰教纪元、佛教纪元、犹太教纪元等多种与各宗教传统相联系的纪年方式。在学习历史，阅读材料的过程当中，学生要能够理解这些纪年方式，能够把它们和通用的公元纪年法进行转换，才能够更好地贯通、理解各种文字材料，并最终能够运用这些方式叙事。

由于历史纪年方式纷繁复杂，教师在授课过程中不可能面面俱到，所以我们一定要有所侧重地让学生掌握一些教科书中出现过的，高考中考查的主要纪年方法最为核心的应该有四种：公元纪年法、帝王纪年法、干支纪年法和民国纪年法。

（1）公元纪年法

在跟学生讲授公元纪年法时，要跟学生讲明，我国是从新中国成立（1949年）后开始使用公元纪年，现行的历史教材把各种纪年方法换算成公元纪年来表达历史时间，这种纪年方法相传以耶稣诞生之年作为公元元年，而这一年是古代中国西汉平帝元始元年。以公元元年为界，之前的时间被称为"公元前×年"，之后的时间被称为"公元×年"（这里还需特别跟学生强调，没有公元后多少年的说法）。跟公元纪年法密切相关学生需要掌握的，还有"世纪"与"年"的换算，这是学生的一个易错点。这其中我们必须教会学生一个换算技巧，当这一年是三位数时（如512年），把年的第一位数加上1（5+1）；当这一年是四位数时（如1765），把年的前两位数加上1（17+1），就可得到所在的世纪了。此外，一个世纪中的早、中、晚期（以30年左右为划分），前半叶、后半叶（以50年为分界），分为多少个年代（以每10年为分界），也是我们在课堂教学中需要跟学生讲明的问题。

（2）帝王纪年法

帝王纪年法也是教材和近几年高考中频繁出现的内容，2018年全国Ⅰ卷历史改革选考题就要求考生根据材料说明汉武帝改革前后纪年方法的区别并简析汉武帝年号制改革的历史意义。这就需要学生对帝王纪年法有一些了解，才能简洁明了地进行概括；知道每种纪年方法的优缺点，才能更好地得出改革的历史意义。因而教师在授课的过程中，要跟学生明确这种纪年方法的概念、特点和意义。使用帝王的谥号、庙号或者年号来纪年的方法就是帝王纪年法。其中必须跟学生阐明三个概念："谥号"，是后人根据王公贵族生平事迹给予的带有或贬、或褒、或怜的意味的称号，如"厉王""武王""哀帝"等；"庙号"，是古代帝王死后奉入宗庙祭祀时所用的尊号，通常称"祖"或称"宗"。"年号"，是帝王拟定的纪年名称。教师在授课时，就可以结合历年的高考题进行讲解，在汉武帝改革前，使用君主在位的年序纪年，皇帝、诸侯王都有各自的纪年，在这种纪年方法下，非常容易造成时间上的混乱。改革后所用的年号纪年法，全国通用，也就更加清晰便利，有利于全国的统一。纪年方式虽然是时间符号的转换，但也包含有君主集权统治和维护国家统一的目的，从而提示学生把纪年方式的变化时放置在时代的大背景下进行思考分析，这也是时空观念中在不同的时空框架下对史事作出合理解释的要求。

（3）干支纪年法

干支纪年法是中国特有的传统的纪年方式。历史教科书中涉及干支纪年法的主要是几个重大历史事件的命名，如"甲午中日战争""戊戌变法"等。高考的历史材料中，也常会出现干支纪年的时间表达，因而，教会学生干支纪年法与公元纪年法的换算方式是很有必要的。

（4）民国纪年法

民国纪年法是中华民国建立后，决定以1912年为民国元年的纪年方式。因为中华民国建立这一历史事件的重要性，教科书中特别介绍了这种纪年方式，高考的材料中也会出现民国纪年的表达，因而教师在授课时要告诉学生民国纪年与公元纪年的换算方法，即"公元年份–1911=民国年份"。

2. 历史分期方法

历史分期就是对历史时期进行阶段划分，作为历史学科的一种研究方法，能够较好地帮助研究者揭示不同历史阶段之间差异，分析总结历史的阶段性规律。历史的分期方法是多样的，这导致学生在日常练习的过程中，会对一些新材料感到困惑，为什么有的材料中把明朝末年认为是近代史的开端？这和课本的表述不是不一致吗？哪一种划分方式是正确的呢？事实上，任何一种划分方式都有其独特的理论出发点，从不同的史观、视角出发就会得出不同的划分结论，并没有绝对的正误。但初中阶段长期以来学生所接受的灌输式教育使他们很难理解与接受不同的划分方式，这就需要高中教师在授课过程中从零开始，让学生了解什么是历史分期，它的目的和作用是什么。在高中阶段，教师至少需要引导学生认识到历史分期的两种类型，一种是根据历史的客观事实天然地分期，如朝代的更替，一个朝代就是一个历史时期；另一种是学者人为地根据某种理论视角来进行分期，如我们现行的历史教科书基本就是按照马克思的五个社会发展阶段论来分期的。但在现行的高中历史教材中，并没有一个专门的章节或者内容来说明历史分期的问题，这就需要教师在授课的过程中，有意识地逐步进行渗透。比如教科书中会有一些关于历史分期的表达，如人教版必修一专题二"学习建议"部分提到"1840年以后，进入近代的中国历史围绕国家主权始终贯穿着两条主线……"，事实上就是把鸦片战争作为中国近代史的开端。再比如专题四的标题为"现代中国的政治建设与祖国统一"，而专题四是从中华人民共和国成立开始说起，事实上就是把新中国的成立作为中国现代史的开端。教师在授课时，一定要对这些表达进行进一步说明，引导学生认识到历史是可以根据一定的阶段差异来进行分期的，所以历史既有延续性又有阶段性，掌握历史的阶段特征对在一定时段内理解史事具有重要意义。

但是，随着史学研究的发展和课程改革的深入，教材的内容已经跟不上时代的潮流，教科书中呈现的历史分期的方式不断受到新的学术成果的冲击，学生只理解教科书中的历史分期方式显然不足以应对新高考的要求，所以要让学生能够理解为什么有多种多样的历史分期方法，这是由于不同的学者从不同的视角出发对于历史阶段的划分生产了不同的观点。在此基础上，还要反过来让学生通过不同学者对历史的分期，揣测学者所持有的观点和立场。

3. 理清历史地理名称的动态变化

在空间的划分上，古今中外对同一个地区会有很多不同的区分方式，对一些特殊的国家和地区，研究者们会提出一些专有的名词。在日常学习的过程中积累并且弄清一些重要的地理概念应当是历史学习的过程中一项基本且重要的内容。比如什么是第三世界国家？什么是中间地带？怎么区分"远东""近东"？这些看似基本的内容，往往是初中学习过程所忽略的，加上地理知识的薄弱，有些学生甚至连中国基本的行政区划都难以在脑海中形成完整的印象，这也就使得在高中教学中，必须把一些基本的地理空间概念，贯穿到日常教学中，多运用一些历史地图，更直观地展现历史，帮助学生潜移默化地形成空间观念。

（1）了解地区的命名规律

古今中外，地区的命名都是有一定规律的，其中往往蕴含着丰富的文化内涵和历史底蕴，其中大致可以分为几类：①能够展现地形地貌、方位特征、自然景观的，如江南、岭南等；②蕴含人文历史，记录事件、人物传说的，如禹州、中山、华盛顿等；③寄托美好的情感，带有美好愿望的，如江宁、泰安等；④能够体现地方经济特点的，如玉门关、旧金山等。教师在授课的过程中，可以有针对性地讲述一些地理名称的由来，这些地名中蕴含的历史信息，有助于学生把历史空间与历史事件、历史人物关联起来，形成地—事联结记忆。

（2）知道历史地理名称的动态变化

同一个地区的名称并不是一成不变的，它往往会根据朝代更替、王国兴衰发生变化，在这个过程中，它所指代的地域范围也会有所改变。

以北京为例，北京作为中国的古都，在不同的朝代前后大约有二十多个不同的称谓。其中在高中历史教学中涉及的有元代称其为大都，后明朝朱元璋为了彰显平定北方的功绩，改名为北平。明成祖朱棣于永乐十八年（1420年）迁都北京，又改称其为京师，一直沿用到了清朝。民国时期又曾将其改为北平，直到新中国成立后再度改为北京。

地名变化的背后蕴含着的是历史发展变迁，知道历史地理名称的动态变化，理清该地区在不同时期的地域范围，有助于学生形成动态发展的空间观念，从而能够更好地按照空间要素来构建历史。

（三）引导学生按照时空要素构建历史

学生能够按照时间要素和空间要素构建历史的前提是学生需要对史事发生的位置地点，时间上的先后顺序，逻辑上的因果关系都有比较清晰的认识。但是学生在历史学习的过程中，往往会忽视对历史时间和历史空间的记忆，导致时序混乱，空间认知不明确，这就需要教师在教学的过程中，帮助学生整理归纳，理清思路，最终能够自发地按照时空要素构建历史。

1. 调整教材顺序形成时空连续性

历史时空观念要求学生不仅要了解历史事件发生的具体时间和地点，更要了解历史事件发生的先后顺序，以及理解在特定时间阶段内，不同空间的历史事件之间的连续性和关联性。

但是我们现在所使用的历史教材，由于是专题史的构架，把政治、经济、文化三个板块割裂开，所以往往学生对历史的来龙去脉，前因后果一知半解，更遑论关联中外，对比中西。在上必修一政治史的时候，由于缺乏相关的经济、文化内容，往往很难把知识点讲透。比如讲到秦的统一，那么不得不提到的就是商鞅变法。商鞅变法发生的原因，从生产力发展的角度分析，是由于铁制农具的使用和牛耕的逐步推广，导致奴隶主的土地国有制逐步被封建土地私有制所取代；随着封建经济的发展，新兴地主阶级在经济上的实力逐步提升，经济地位的提升促使新兴的地主阶级要求在政治上进行改革，提升政治地位，建立地主阶级统治；于是各国纷纷掀起变法运动，商鞅变法便是其中之一。但是由于学生缺乏经济史的相关知识，所以很难理解，所以在高一的教学上，对这一问题只能草草带过。再比如当我们在高一年级讲到"列强入侵与民族危机"这一课时，人民版的教材中突出的是签定的几项条约的内容，对于战争爆发的背景只是用简单的几句话一笔带过。学生对为什么会发生鸦片战争的认识，往往也就局限于虎门销烟、中国落后、清政府腐败而英国强大。但当我们学完必修二之后，我们就可以将整个中外时空联结起来，横向对比。19世纪中期，英国早已通过资产阶级革命建立起了资产阶级的统治，扫清了资本主义发展道路上的障碍，完成了工业革命，步入了工业文明，成为"世界工厂"。资本主义的发展亟须扩大商品市场和原料产地，所以对外积极进行殖民扩张。而中国仍旧处于以小农经济为基础的封建社会，长期的闭关锁国与华夷观念下的优越感导致中国与世界的严重脱节，中国对自身和英国的实力没有准确的评估。英国的自由贸易体系和中国的朝贡体系之间更有着不可逾越的巨大鸿沟。在鸦片所带来的巨大利润的驱使下，英国悍然对中国发动了战争。通过联系与分析，整个时间的因果关系，逻辑顺序，就立刻清晰丰满起来，有利于学生了解历史发展的进程。虽然专题史教学也有它的优点，但是由于专题史教学的割裂，使得我们在高一、高二的教学中很难给学生构建起清晰的历史时空架构。这就导致在学生学完了必修课程进入到一轮复习的时候，教师不得不重新把教材进行整合，调整成通史再进行一遍教学，从而对三本割裂开的教材内容进行联结和补充，构建起课程内容间的相互联系，这样学生才能理清历史的脉络，达到课标中能够按照时间顺序和空间要素，建构历史事件、历史人物、历史现象之间的相互关联的要求。

2. 巧用时间轴构建历史时空

高中阶段历史学习难度增大，学习内容更加繁杂，学生在学习的过程当中不仅要了解事件本身，还要进一步探究历史的内在联系，寻找历史的规律和本质。这就需要我们能够以某一标准为线索串联这些复杂的历史，让历史线索更清晰，又由于历史的特征之一是它的时序性，所以一般我们将采用时间轴的方式，以时间为线索来串联历史，虽然时间轴是以时间为主要的参考标准来整理历史，但时间轴上所体现出的内容却又不仅仅是时间，往往是时空融于一体的。这种时空定位，不仅能建立一种直观的历史表达，帮助学生梳理历史知识，还能加深学生理解其中的逻辑关系，在历史学习中是一种很有效的培养时空观的学习方法。

（1）注意学生的参与度

教学是让学生主动地去学，而不是被动地接受，学生的知识是通过自身的实践和理解得出来的，而不是靠老师的灌输得到的，因此在教学中应该积极地发挥学生的主观能动性去总结学习方法、探索历史规律。时间轴作为一种落实时空观的辅助学习方法也是一样，只有学生自己能看得懂，能自己制作时间轴，才能利用这种直观的历史表达方式落实时空观，解决历史学习中的疑惑和问题。因此，在利用时间轴落实时空观的教学中老师应该要多给学生一些参与的机会，例如可以给学生提供主题让学生亲自制作，让学生能多参与多锻炼，这样学生才能逐渐地掌握时间轴的使用，才能发挥好时间轴应起的作用。

（2）利用年表作补充

时间轴的优势在于能够突出历史的时序性，而年表则是能够将知识化简为繁、突出重点，所以将时间轴和年表结合起来使用，则可以在帮助学生整理出时间和历史逻辑的基础上又能丰富对具体历史事件的认知。年表的类型也是多种多样的，我们最熟悉的就是大事年表，这在我们的教科书以及很多资料上都是很常见的，除此之外我们还可以根据自己的需要制作对照年表、比较年表，都可以将历史知识化简为繁，与时间轴相结合形成一种横向与纵向历史搭建起来的历史框架，帮助学生建立一个简洁又丰富的历史梳理，构建历史时空、历史事件、历史人物的联系，以此来进行历史探究，寻找历史的本质和规律，是培养学生历史时空观的优秀选择。

历史时间轴，是一种参照数轴的形式，让学生在占有一定史实知识的基础上，以时间或时期、阶段为坐标点，通过动手实践，把零散的历史知识串联起来，进而横纵连接，编织出历史的知识体系网的学习方式。它又通过这样知识体系网的编织，引导学生自主探究、积极实践，发扬学生的主体意识，培养学生融会贯通历史知识，最后达到探究人类社会发展规律，提升历史知识的目的。

3. 合理运用历史地图形成地一事联结记忆

在历史教学，尤其是复习课的教学过程当中，讲到一些重要的历史事件时，尽可能使用历史地图，并在地图上清晰地标注事件发生的地点，尤其是涉及战争、路线、分布等内容的时候，历史地图可以很好地帮助学生进行记忆和理解。比如讲到太平天国运动时，教师可以将1851年金田村起义、1852年永安建制、1853年定都天京和北伐、西征及天京突围，1856年天京事变，1864年天京陷落等重点史事逐一对应地点呈现在《太平天国运动形势图》上。学生通过观察地图，就可以一目了然地明确史事的时空定位，对太平天国运动的发展历程，时空转换就有了一个较为清晰的动态认识。所以，正确使用历史地图，可以让学生形成更加直观的认识，弥补文字叙述上的不足，在学生记忆知识点的时候，可以通过回忆地图的画面，自然而然地想到历史事件的特征，形成更为深刻的地事联结记忆。

为了更好地利用历史地图，教师也要做好读图步骤和读图技巧的指导。地图不同于普通的画片，地图里包含着多样化的信息，因而阅读地图，也是有一定的技巧和方法的，只有掌握了方法，才能更加完整、准确地提取了地图中的信息。教师在指导学生阅读地图时，首先应当告诉学生一个比较清晰的读图步骤，帮助学生有条理地进行阅读。比如，第一步，先阅读图名。图名是一幅地图内容的精炼概括。通过地图的名称，我们往往能够得到一些基本的信息，从而找到地图与所学知识的关联，粗略了解地图的基本含义；第二步，阅读图例和注记，理解图片当中的每一个色块、线条等代表的含义；第三步，整体观察把握地图；第四步，进一步通过细致地观察找出隐含的信息以及各个信息之间的联系，总结出地图所反映的各种信息并进行罗列。运用正确的读图步骤，认真细致地进行分析，才能使获取到的历史信息完整多样，从而更好地在脑海中生成历史的画卷，形成更为立体化、具象化的历史认知。

（四）引导学生在时空框架下解释史事

受到初中阶段学习过程中通过记、背就能考取高分的思维模式影响，很多学生其实在进入高中的时候是缺乏发散思维与多角度认识、解读史事的能力的，所以在分析史事的时候，往往比较片面，更遑论在不同的时空框架下对史事进行合理解释。所以在高中的教学中，教师要引导学生在时空框架下进行更深入全面的思考。

1.引导学生归纳历史阶段特征

由于受到教材专题史模式的影响，导致学生时空"错乱"，而时空"错乱"进而导致的结果，就是学生无法对历史阶段特征进行归纳整理。

但从实用性的角度来说，理清历史的阶段特征对应试会产生极大的帮助。在考试时，当学生遇到一个也许并不是非常熟悉的历史事件却需要去分析原因或者影响的时候，只要知道这个事件发生在哪一个历史时期，根据阶段特征，往往能够分析得出一个大致的答案。所以，引导学生对历史阶段特征进行归纳、整理、记忆应当是历史教学中很重要的一项内容。

在学习历史必修一、二时，由于模块教学缺乏完整性，学生暂时无法构建完整的阶段特征，这也就要求教师在进行必修三思想文化模块的授课时，要有意识地去结合政治、经济史的内容引导学生对历史阶段特征进行归纳。比如以先秦时期为例，当讲完先秦的思想后，教师可以从政治、经济、文化三个层面归纳先秦时期的阶段特征如下。

首先，政治上，官僚政治逐步取代贵族政治，中央对地方的控制日渐加强，专制主义；中央集权制度逐步形成。

其次，经济上，土地私有制逐步形成，小农经济成为基本的经济形态。手工业、商业在一定程度上进步与发展。

最后，思想文化上，百家争鸣的繁荣局面奠定了中国传统文化的基础。文学艺术独具时代特色，实用科学成为我国古代科技发展的特点。

通过归纳和整理，学生就会对先秦时期这一历史阶段产生一个整体性的印象，从而在遇到相应时段的问题时，能够联想到阶段特征，比较有针对性地展开思考，这应该是学生掌握在时空框架下对史事进行合理解释能力的前提与基础。

2. 呈现共时状态下的空间差异

历史的发展具有多样性，在共时状态下，不同国家、地区的历史发展往往会呈现出差异性。要理解历史发展的多样性就必须把史事放在时空框架下进行分析和解释，才能得出合理的结论。

比如在谈到工业革命的时候，可以让学生联系时空横向对比思考，为什么工业革命首先发生在欧洲？发生在英国？古代中国的科技在长期领先世界，但是为什么这时候中国没有先发生工业革命呢？进而通过对史料的研读与对当时中英两国国情的对比分析，引导学生从政治、经济、文化等多个角度对原因进行整理分析。中国科技在古代曾经取得过辉煌的成就，但古代中国长期以来自给自足的小农经济模式使科学应用无法达到较大规模；统治者长期实行的重农抑商政策阻碍了资本主义生产关系萌芽的发展，导致科学技术缺乏进一步发展的动力与物质基础；明清时期的海禁与闭关锁国政策造成中国与世界的隔绝，致使中国落后于世界的潮流；服务于封建统治的教育与文化导致古代知识分子较少涉及生产和科学知识；古代中国科技以经验总结为主，缺乏实验探究与理论生成……这些都是导致古代中国科技逐步落后的原因。反观欧洲，自14、15世纪以来，随着资本主义萌芽的产生和发展，新兴的资本主义生产方式逐渐确定下来，促进了社会生产力的提升和商品经济的高度繁荣，为科学技术的发展奠定了雄厚的物质基础；文艺复兴和启蒙思想解放了人们的思想，促进了科学技术的发展；资产阶级革命的胜利为科学技术的发展提供了政治保障。

在谈到工业革命的影响的时候，除了看到其对英国本国的影响，还要引导学生思考其对整个世界，以及不同地区，不同国家的影响。让学生认识到，对世界而言，工业革命让世界进入蒸汽机时代，改变了世界面貌，密切了各地联系，世界市场初步形成。对欧洲资本主义国家而言，工业革命推动资产阶级调整内外政策，自由主义思想发展，不断进行对外的殖民扩张。对东方被殖民国家而言，工业革命使这些国家进一步沦为了西方国家的原料产地，劳动力来源，形成东方从属于西方的局面。

3. 呈现同一史事在不同时段下的影响

历史既是变化发展的，又是不断延续的。学生既要能够从整体上把握历史的潮流，又要理解历史事件对历史发展演进的刺激与推动作用，从而能够更好地对历史进行解释。从整体上把握历史潮流，离不开对阶段性历史时空的认知；理解历史事件的作用，离不开对事件发生的时空的分析。教师在教学中，可以通过让学生在短时段和长时段中分析同一个历史事件，提升在不同时空框架下解释历史的能力。以甲午中日战争的教学为例，在甲午中日战争中，中国一个泱泱大国输给了日本这样一个蕞尔小国，从而引发列强掀起了瓜分中国的狂潮，给中华民族带来了空前严重的民族危机，但同时也促使了中华民族的觉醒，促使越来越多的中国人走上挽救民族危亡，探索民族复兴的道路。讲授到这里，教师可以试着提问：

"请同学们结合所学知识思考，假设没有甲午中日战争，是否还会出现列强瓜分中国的情况？"这时学生们就会联系中国当时的时代背景进行思考：19世纪末20世纪初，由于清政府腐败，军备废弛，国防力量薄弱，根本无力与外国侵略者的坚船利炮相抗衡；如果没有日本的侵略，中国也许还能再苟延残喘片刻，但列强最终也同样会来宰割瓜分中国，这是历史的必然，甲午中日战争只是加速刺激了这一情况的发生。再者以洋务运动的教学为例，我们通常会说，甲午中日战争的失败意味着洋务运动的失败，因为洋务运动没有实现富国强兵的目标，没能使中国走上富强的道路，所以对当时而言它是失败的。这时教师可以引发学生进行进一步思考："洋务运动真的是完全失败的吗？从长远上看，它是否产生了一些积极影响呢？"这时学生就会进行进一步分析，洋务运动促进了中国近代教育发展，培养了一批近代科技人才，为中国近代科技的发展奠定了基础；经济上，引进西方先进技术，创办了近代企业，一定程度上抵制了外国资本主义的入侵，客观上促进了民族资本主义的产生和发展……这些积极的影响，显然要放在更加长远的时段中才能清晰地体现出来。通过这样的教学引导，学生基本可以初步理解和体会如何在不同时空框架下对史事做出合理的解释。

（五）引导学生在时空条件下认识社会现实

不同时代往往会有不同时代特殊的产物，不同地区的人往往也会有不同的行为习惯。学习历史，一定要能够将具体的史事放在特定的时空背景下去考察，才能真正理解发生的原因和对当时产生的影响。

1. 创设历史情境培养学生共时性思维

我们现在生活的环境跟过去有很大的差别，这使得我们的认识、想法、观念与以前的人会有巨大的不同。但是学习研究历史，往往需要我们能够从前人的角度出发去看待事物，才能对认识的对象作出一个合理的判断，才能理解以前的人的许多行为、做法，而我们的学生往往正是缺乏这种设身处地地理解历史的能力，即共时性思维。

在课堂上，教师可以通过让学生进行角色扮演，创设历史情境的方式帮助学生走进历史现场，形成共时性的思维。比如在讲到"新航路开辟"

这一课时，教师可以让学生扮演哥伦布来向大家讲述他航海冒险的经历。学生在讲述的过程中的语言表达，就可以清晰地反映出学生是否真正把自己带入到了历史人物所处的时空当中。哥伦布本人在讲述自己的经历时，只会说："在经历了漫长的海上漂泊，我们有幸真的发现了一片新的大陆。"但他绝对不会说："我发现了美洲。"因为在当时，根本就没有美洲这个说法。通过这样的角色扮演和情境创设，学生就能够很好地理解什么是在一定的时空条件下认识历史。学生只有具备了共时性思维，才能进一步理解由于科技发展水平的限制，当时的欧洲人对于世界的认识也是十分有限的，哥伦布发现新大陆为欧洲人揭开了新世界的面纱，修正长久以来许多人对世界错误的认识和看法，从而更加深刻地理解新航路开辟的历史意义。除了角色扮演，创设历史情境还有很多不同的方式，比如：联系日常生活展现情境；运用道具、实物等重现情境；利用图片构造情境；播放音乐渲染情境；锤炼语言描绘情境；等等。这就需要教师在课堂上，根据不同课程内容的需求合理地进行运用，从而尽可能地给学生带来最接近历史原貌的体验。

2. 运用时空观念考察现实问题

学生能够将认识的对象置于具体的时空条件下进行考察，其实只是历史学习的第一步，更重要的是要让学生把这种认识历史的能力迁移到社会现实中来，才是学习历史最终的目的。

在历史五大学科核心素养当中，有一项素养是家国情怀，它是指学习和探究历史应具有的社会责任与人文追求。在不同时空条件下，家国情怀的内涵显然是有区别的，所以要达成这一素养，必须首先具备时空观念。在经济全球化、世界多极化、文化多样化的今天，在中国与世界紧密联系成一个整体的今天，具备家国情怀就是要具备宏观的、国际化的视野，这就需要学生拥有并运用时空观念去考察现实问题。

在历史教学中，教师可以有意识地将一些时政热点、现实问题与课程结合，让学生进行分析。比如在讲到经济全球化时，教师就可以联系这两年经常占据新闻头条的中美"关税战""贸易战"，引发学生进行探究：国与国之间经济争端不会是突然之间产生的，往往是多种矛盾长期积累激化下的结果，中美"贸易战"是否有其历史根源？学生课后通过查找资料了解美国以往"贸易战"的历史就会发现，作为目前世界上最强大的国家，美国所针对的不仅仅是中国。日本在20世纪70年代是世界第二大经济体，面对日本的快速发展，美国也曾采取针对措施，运用了同如今对待中国类似的贸易策略和战略部署。而特朗普本人在早年接受知名主持人奥普拉采访时，也曾表达过贸易保护主义的思想。中国长期坚持改革开放的基本国策，经过几十年的努力，在2010年一跃成为世界第二大经济体。而美国虽然仍旧保持着领先地位，但经济发展势头渐趋平缓，而2008年美国金融经济危机对其造成的影响至今仍未完全消散。此消彼长，中国的国际地位正在上升使得美国感受到了危机与挑战，所以特朗普上任之后，美国采取的一系列经济上的特殊战略措施，是其继续维持全球霸主地位的需要，是从国际政治与美国经济发展的长远角度出发所采取的应对手段。

通过这样探究、分析与整理的过程，学生能够在一定程度上锻炼学科思维，从历史的角度去看待分析现实的问题，也就是对时空观念所要达到的课程目标的实现，历史学习的价值也就得到了体现。

第四章　地域文化视域下史料实证素养的培育

就中学历史教学而言，要发挥历史学科的育人功能，离不开史料实证素养。历史是过去的人们共同的记忆。生活在每一个时代的人，都有带着鲜明的时代烙印的集体记忆。历史记忆延续的意义在于能够全面地、综合地为现今人们提供文明发展和社会进步的经验，其最大的功能是从价值层面通过历史经验的关照，确立人类社会认同的价值观，矫正社会发展的失衡和人性的悖谬。①解读这一"记忆"的"钥匙"就是史料。对史料进行实证，在现在与过去之间建设桥梁，跨越时空的界限，使历史与我们紧密相连，息息相关，给学生的生活和学习以经验教训。从知识的掌握情况来看，经过初中的学习，高中生已对中外历史的发展进程有整体了解。从心理发展的水平来看，高中生的抽象逻辑思维提高，有一定的历史思维能力，具备探索问题的能力。因此，要充分利用高中生对于历史事实的求知欲和探索历史真相的热情。通过史料实证素养的培养，使高中生逐步形成具有历史学科特征的正确价值观念、必备品格和关键能力。

乡土课程资源有地利之便，具有独特的优越性。运用乡土课程资源来考证历史，相比于教材宏观的史料素材，高中学生搜集、理解相对容易。因此，有条件的高中可以编写相关的校本教材，也可以充分开发各种课程资源。发挥地域文化的优势，充分利用当地的历史资源，比如历史遗迹遗址、博物馆、纪念馆、展览馆、档案馆、考古现场等，这些历史资源既可以编写成校本课程，也能作为课外探究的场所。

本章从史料实证素养相关概念界定入手，根据史料实证素养划分的四

---

① 凤光宇.中学历史学科核心素养教学实践研究[M].上海：上海教育出版社，2019：124.

个层次水平，确定高中生史料实证素养的培养目标，在此基础上，重点探讨如何培养学生的史料实证素养，并突出具有地域文化特色的乡土资源在史料实证素养培养中的运用。

一、主要内容

（一）相关概念界定

1. 史料

关于史料的定义，目前学术界有多种看法。

赵吉惠先生认为："史料，即构成历史的材料，举凡人类活动的遗迹、遗存，都可称为史料。"[①]梁启超先生认为史料是保存至今、能够反映过去人们的思想以及行为的痕迹。李良玉在《史料学片论》中提出："史料就是人类在自己的社会实践活动中残留或保存下来的各种痕迹、实物和文字资料。"[②]综合来看，各位史学家都认为史料是在人类社会发展遗留下来、保存至今的痕迹，能够帮助我们认识、解构历史。

综合各种对于史料定义的看法，笔者认为史料是人类社会在过去的活动中遗留下来的，能够反映某一特定历史事实的材料。历史的长河是滚滚向前的。尽管每一个人都是历史的见证者，但是人类有限的寿命在历史的长河中显得那么微不足道。想要了解过去，研究者必须依靠一些史料，从而通过总结、分析普遍历史现象背后的原因，寻求诸多历史事实之间的联系，得到历史变化发展的规律。[③]因此，史料是研究历史的基础，借助史料才能最大程度地还原历史事件的面貌。

要想充分理解史料的内涵，离不开对史料特性的把握。首先，史料具有时空性，史料是特定人群在特定生存条件下进行生存发展的文化遗留，是一定的时代和特定区域的产物，带有鲜明的时空特色。其次，史料具有主观性，史料的创造过程渗透了史料制造者的主观倾向，如受阶级立场、党派、宗教、民族等因素影响，同一历史事件往往有不同的记叙。最后，

---

① 赵吉惠.历史学方法论[M].成都：四川人民出版社，1987：57.
② 李良玉.史料学片论[J].福建论坛（文史哲版），2000（05）：55.
③ 张文生.李大钊史学思想研究[M].北京：中国社会科学出版社，2006：97.

史料具有有限性，观察的片面性、记录的有限性决定了史料可以作为重构与复原历史的证据，但不可能反映历史全貌，流传过程中史料的散佚、破损、杂糅加剧了这一特性。此外，史料还具有指向性、价值相对性等特性。史料的特性，要求我们在研究和学习历史时，要甄别史料证据在时间性和空间性上的差异与变化，了解史料作者的意图，将散落在各处的史料辨析、整理，最终去伪存真，去粗存精，力图还原历史真相。

2. 史料实证素养

《普通高中历史课程标准（2017年版）》提出了历史学科核心素养，包括唯物史观、时空观念、史料实证、历史解释、家国情怀。其中对"史料实证"的界定是"对获取的史料进行辨析，并运用可信史料努力重现历史真实的态度与方法"[①]。定义指出了运用史料进行实证的方法，即通过对史料的"获取""辨析""运用"，指明了最终目的是"重现历史真实"。

历史是一门注重逻辑推理和严密论证的实证性的人文学科，这是因为人们对历史的认识主要凭借遗留的史料，人们对历史的叙述、理解、解释和评判都建立在史料的基础上。然而史料是前人无意或有意留下来的、不成体系、真假难辨，同时也不可避免地带着时代的烙印、个人的主观意愿和立场，所以要对历史形成正确、客观的看法，实证是不可或缺的研究方法。通过各种方法搜集史料，分清史料的类型，辨析史料的真伪，理清史料的逻辑，提取可靠的信息作为证据来论述自己的看法，力求发现真实的历史。学史的任务就是求真，在这一过程中逐渐养成证据意识、实证精神，在纷繁复杂的信息社会中能够不人云亦云，不盲目从众，养成独立思考的历史思维，切实实现"立德树人"任务。

（二）史料实证素养与其他核心素养的关系

历史学科五大核心素养相辅相成，不可偏废。其中，史料实证是诸素养得以达成的必要途径，与其他核心素养有着密切的联系。

首先，学生对于唯物史观的理解和应用离不开史料实证。唯物史观是

---

① 中华人民共和国教育部制定. 普通高中历史课程标准（2017年版）[M]. 北京：人民教育出版社，2018：6.

对人类社会历史客观基础及发展规律的研究。在探索人类历史发展的过程中，人们需要借助史料还原历史，在此基础上由表及里，逐渐对历史的发展规律形成客观的认识，并将此历史观和方法论运用到现实问题中。对于高中生来说，唯物史观是比较抽象的，要想使学生形成科学的历史观，首先要理解唯物史观的基本原理。例如在"中外历史纲要（上）"的第二课"诸侯纷争与变法运动"的教学中，通过《牛耕图》这一史料以及杨玄"春秋战国时期黄河流域的金属农具研究"，使学生认识到由于铁犁牛耕的推广，生产力进步，进而推动土地制度（所有制形式）、阶级关系、生产经营方式等生产关系的变化。通过从史料中提取信息，学生更好地理解生产力决定生产关系这一基本原理，循序渐进地认识人类社会的发展历程与总体趋势，形成科学的历史观。这一过程充分体现了史料实证素养中的求真与实证精神。当然，史料实证素养的培养也离不开科学的历史观的指导。

其次，时空观念的培养需要史料实证。科林伍德（R. G. Collingwood）说过，文献是"此时此地"存在的东西，强调史料是在特定时间和特定空间下的产物，要想清楚为何在此地此时发生了具体、特定的历史，离不开"此时此地"的史料。从时间的维度去看，历史强调阶段性特征，每一历史事件都有特定的时代背景，在特定的时代背景下发生的历史事件也有着千丝万缕的联系。探寻某一历史事件的时代背景时，将不同的类型、不同立场的史料通过搜集整理、证实或辨伪，寻找蛛丝马迹，充分挖掘埋藏于史料中的历史真相，再进行合理的历史想象，最终抽丝剥茧，最大程度地还原真实、完整的历史场景。在此过程中引导学生站在当事人的角度去思考历史事件，才能更客观、正确地认识和评价历史事件，避免以今非古。从空间的维度来看，特定的空间下会产生有区域性特征的历史事件，同样需要史料来支撑。因此，时空观念的培养离不开客观准确的历史事实，而这一历史事实的得来同样离不开史料实证。

再次，史料实证为历史解释提供可靠依据。历史解释是指对历史事物进行理性分析和客观评判的态度。历史叙述本质上是对以往事情的解释，其中不仅包括作者对历史事件的描述，还包括作者本身的立场和角度等。

培养这一素养的前提是掌握真实的历史，有史料实证的支撑。在实证精神的指导下，透过历史表象追寻和把握其内含的因果联系，对历史事实、历史现象等进行重构，挖掘历史细节，在此基础上形成自己的历史认识，建构自己的历史叙述。

最后，家国情怀是学习和探究历史应具有的人文追求、社会责任、价值目标。要培养这一素养，离不开借助史料引导学生去感悟真正的历史，培养人文情怀和价值关怀，形成基于国际视野的国家意识、文化自信和政治认同。根据高中生的认知水平来看，机械地灌输流于形式，难以渗透到学生的内心，不仅达不到立德树人的目标，有可能事倍功半。因此，要充分发挥历史学科的育人特性，发挥史料实证的作用。在中华民族五千年厚重的历史中，史料见证了先贤们对于人生哲理熠熠生辉的思考，封建王朝的鼎盛景象，近代社会令人愤懑的屈辱外交……史料是培养学生家国情怀的最好资源。让学生接触原始的史料，通过对多元史料的探究，感受历史真相，继而认同，进而内化，最终践行，润物细无声地滋养学生。

总而言之，史料实证素养是学史重法的重要素养，是全面培养学生学科核心素养的方法和路径。这就要求在历史教学中，教师要切实培养学生的史料实证素养，推动历史核心素养的落地。

（三）高中生史料实证素养的培养目标

《普通高中历史课程标准（2017年版）》中将史料实证素养划分为四个水平（表4-1），并以这四个水平的表现为维度，划分为四级学业质量水平（表4-2）。其中质量水平2是所有学生在学习完"中外历史纲要"后应该达到的合格要求；而水平4则而是针对选择历史学科的学生，是学业水平等级性考试的命题依据。史料实证素养的培养是长期的、渐进的过程，四个水平层层递进，针对不同的学生有着不同的要求。因此，笔者在充分解读史料实证素养内涵的基础上，结合素养的四个表现水平以及学业质量水平，将史料实证素养的培养目标分为两大层次，分别面向参加历史学业合格考试和参加历史学业等级考试的学生，使教师能够针对不同的学生展开各有侧重的教学。

表4-1[①]　史料实证素养水平划分

水平	史料实证素养
水平1	能够区分史料的不同类型，在解答某一历史问题时，能够尝试从多种渠道获取与该问题相关的史料；能够从所获得的材料中提取有关的信息
水平2	能够认识不同类型的史料所具有的不同价值；明了史料在历史叙述中的基础作用；在对史事与现实问题进行论述的过程中，能够尝试运用史料作为证据论证自己的观点
水平3	在探究特定历史问题时，能够对史料进行整理和辨析；能够利用不同类型史料，对所探究的问题进行互证，形成对该问题更全面、丰富的解释
水平4	能够比较、分析不同来源、不同观点的史料；能够在辨别史料作者意图的基础上利用史料；在对历史和现实问题进行独立探究的过程中，能够恰当地运用史料对所探究的问题进行论述

表4-2[②]　史料实证素养质量水平描述

水平	质量水平描述
1	能够知道史料分为文献史料、图像史料、实物史料、口述史料等多种类型；能够在解答某一历史问题时，尝试从多种渠道获取与其有关的材料；能够从所获得的史料中提取有关的信息
2	能够认识不同类型的史料所具有的不同价值；能够掌握获取史料的基本方法；能够在对史事与现实问题进行论述的过程中，尝试运用史料作为证据论证自己的观点
3	能够在探究特定历史问题时，自主地搜集有关史料；能够对史料进行整理和辨析，并判断其价值；能够利用不同类型史料的长处，对所探究的问题进行互证
4	能够比较、分析不同来源、不同观点的史料；能够在辨别史料作者意图的基础上利用史料；在评述历史时，能够对材料进行适当的取舍；在对历史和现实问题进行探究的过程中，能够恰当地运用史料对所探究的问题进行论述；能够符合规范地引用史料

---

① 中华人民共和国教育部制定. 普通高中历史课程标准（2017年版）[M]. 北京：人民教育出版社，2018：46.

② 中华人民共和国教育部制定. 普通高中历史课程标准（2017年版）[M]. 北京：人民教育出版社，2018：27–29.

1. 指向史料实证素养水平1至2的培养目标

水平1明确了史料实证素养最基础的要求：区分史料的类型、知道获取史料的途径、从史料中提取信息。水平2的要求在水平1的基础上有所提高，即判断史料的价值、明了史料的作用并进行论证。水平1与水平2都侧重的是关于史料的搜集、提取等较基础的能力，适用于必修课程。基于对史料实证素养水平1和2的要求，培养目标划分如下。

（1）明确史料的作用

这一培养目标整合了水平1中"解答历史问题时，尝试从史料入手"以及水平2中"明了史料在历史叙述中的基础作用"的要求，可以阐述为在解答历史问题时，知道史料是研究历史的基础，明了史料是历史叙述的依据，具有"论从史出"的意识。

历史包罗万象，我们在历史教学中学习和了解的历史不过沧海一粟。在教学中，教师传授给学生的知识内容有限，要想解答历史问题，必须明确史料的作用。史料是连接过去与现实的桥梁，是形成问题、提炼论点、建构解释的基本材料。[①]学生在面临史料构建的新情境，在面临知识盲区或遇到与所学知识相冲突的史料时，要避免先入为主，秉承求真精神，言必有据，信而有征，任何论点都是从史料中提炼出来的，而不是先定的概念或假设。以2020年江苏省普通高中学业水平合格性考试第六题为例。

《宋史》记载，许唐"尝拥高赀（资产雄厚）于汴、洛间，见进士缀行而出，窃叹曰：生子当令如此！因不复行贾（经商）"，后其子中举，许唐说"成吾志矣"。这反映了宋朝

A. 科举制度影响较大

B. 商品经济趋向没落

C. 八股取士钳制思想

D. 弃儒就贾渐成潮流

这道题通过提供《宋史》中的相关记载，考查学生是否"明了史料在历史叙述中的作用"，能否从史料中提取信息作为历史叙述的依据。根

---

① 李剑鸣. 历史学家的修养与技艺[M]. 上海：上海三联书店，2007: 89.

据材料来看，资本雄厚的商人希望子孙入仕，说明科举制度的影响较大。从历史学科的学业评价可以看出，当下的考试对历史素养的考查不再局限于历史事件特点鲜明的阶段，而常通过史料构建新的历史情境，考查历史事件任一时期的情况。的确，历史虽然很精彩，但波澜壮阔不是历史的常态，风平浪静或者暗流涌动才是。学生真正该掌握的，是这种论从史出的证据意识，是学习历史的正确方法。"史论"与"史料"是双向的，只有使学生明确史料的作用，加以运用，既能以史料为依据得出历史结论，又要能够运用史料证明自己的观点，才能以不变应万变。

（2）区分史料的类型

区分史料的类型是判断史料价值、辨析史料的基础。这一培养目标要求学生知道史料的基本类型以及划分依据，知道不同类型的史料价值，以期发挥不同类型史料的最大功用。

史料内容庞杂，根据不同的划分标准，史料划分为不同的类型。梁启超认为史料可以划分为文字记录者与文字记录以外者，后者又可以分为实迹、口碑、遗物。在历史教学领域，张汉林根据史料的载体、留传方式、作者意图将史料分为三类。综合学界对于史料类型的划分，结合高中历史教学的实际情况以及学业水平合格考试、学业水平合格考试常用的史料，笔者认为中学历史教学中，史料可以分为以下几种类型。

①直接史料和间接史料

按照史料的留传方式，傅斯年将史料分为直接史料与间接史料。直接史料也称一手史料、原始史料，是由当事人根据自身经历或者同时代、离特定时代不久远的人记录下来的、未经中间人修改或省略或转写的史料，价值比较高。具体包括日记、档案等。间接史料又称二手史料、转手史料，在转手中还会出现三手史料、四手史料等。[①]间接史料并非历史事件的亲历者写成，而是经过中间人修改或省略的史料。一般转手史料是对一手史料进行诠释和解读，因此有可能在传抄过程中出现偏差，不能直接作为证据来还原历史。这类史料被广泛运用在历史教学中，也是历史材料题青

---

① 傅斯年. 史学方法导论[M]. 北京：中国人民大学出版社，2004: 3.

睐的素材。

②文献、实物、口述、图像史料等

按照表现形式，中学历史课堂中常见的史料可以分为文献史料、实物史料、口述史料、图像史料、现代音像史料以及数字化史料。其中前六种是《普通高中历史课程标准（2017年版）》中在选修课程"史料研读"中对史料进行的分类，而数字化史料是在新科技的背景下出现的史料类型。

文献史料不仅是史料中占比例最多的，也是教师在教学中最常用的一类史料。文献史料一般以文字形式记录，其类型多种多样，如以纸张为载体的官私史书、档案、日记、报章等以及以其他材质为载体的古文字类，如甲骨文、金文、碑铭、简牍等。除此之外，还包括后人依据史料对历史事件、历史人物进行评述写成的文献。[1]文献史料是一般历史试题命题素材的主要来源。

实物史料是人类在过去的历史活动中留下的器物或者场所，包括器物、遗址、遗迹、建筑物等。实物史料是历史的直接见证和历史知识的可靠来源，是我们能够直面过去的实物存在。在课堂上，一般需借助图片或者视频的形式对实物史料进行了解。课外可以从与学生生活相关的老物件入手，如家里长辈的勋章、书信等，了解其年代与背景，与当下生活产生联系，赋予史料新的生命力。实物史料在考试中的考查并不多，主要是侧重其属于一手史料的价值。

口述史料是口传或者由旁人搜集整理当事者的口述回忆而形成的史料，一般包括神话传说、回忆录等。其作用主要是能够在没有文字记载的情况下为探究历史提供依据。例如在先秦时期文字并不普及的情况下，口传成为一种流传方式。在近代，在了解慰安妇这一史实时，尽管日方对于强迫中国妇女充当慰安妇这一历史事实采取回避态度，历史学者对当时受害并幸存下来的慰安妇进行调查采访，整理下来的视频和文字记录作为口述史料在指证日军暴行方面有一定的作用。此外，口述史料使历史细节更饱满，使学生更能身临其境地感受历史人物的情感，

---

[1] 何成刚等. 智慧课堂: 史料教学中的方法与策略[M]. 北京: 北京师范大学出版社, 2010: 52.

能够弥合文献史料所不能传达"感同身受"的感觉。但是口述史料带有叙述人的主观意图以及整理人的后期编辑，使史料的信度受到一定的影响，在使用时应该加以辨别。

图像史料是一种可视化史料，是除了文献史料以外，在中学历史教学中使用频率较高的史料。图像史料反映的内容繁多，根据图像的来源，将其分为原始性图像史料和再造性图像史料。原始性图像史料包括绘画、雕塑等实物史料的照片、历史地图、照片等未经过加工的史料；再造性图像史料是指后人根据史料进行合理想象而创造的史料，包括出于某种目的的历史漫画等。例如关于朱元璋的长相，流传着几十种相貌。其中大部分都是后人想象出来的，也不乏出于政治目的而进行的创作。从价值上来看，再造性图像史料不如原始性图像史料。在考试中，常常通过图像史料考查学生观察图片、解读隐含信息的能力。

相比传统的手写、口述等记录历史的方式，音像史料借助录音、录像等现代信息技术手段，为研究近代的历史提供更丰富的资料。现代音像史料属于现代社会，反映的是最近百余年来的历史。在教学中，学生通过观看音像史料，减少了想象带来的偏差，可以身临其境地感受历史。

数字化史料是指被数字化或者数据库形式的各种史料，是为了方便历史研究和教学，在对大量的史料进行整理的基础上，提取史料包含的信息进行加工的史料。史料往往是碎片化的，因此针对特定的问题，需要从各种史料中整合有效信息。数字化史料通常以文字、表格、结构图、统计图的形式出现在历史课堂上，与其他史料相比，数字化史料能够将历史事件放在较长的叙事视野中，建构宏大的历史画面，使学生能更直观地了解历史发展的逻辑和规律。在历史考试中，数字化史料常以表格等形式考查。

因为史料本身就带着多重属性，所以以上关于史料的分类有重合之处。例如出土于陕西的西周中期青铜器大克鼎，从流传方式来看，属于原始史料，对于研究西周时期有着极高的价值；从载体来看，其本身属于实物史料，上面的铭文属于出土文献，是研究西周职官、礼仪等的重要文献史料；由于实际情况的限制，学生如不能亲身观摩大克鼎，则观看大克鼎的图片就属于图像史料。

（3）判断史料的价值

在面临特定的历史问题时，可采用的史料众多，但并非都有价值。区分史料的不同类型就是为了清楚不同史料的价值。根据特定的研究对象，多元地选取不同类型的史料，去粗取精，发挥史料的实用价值。

判断文献史料的价值时，应知道受材料、视角、方法、情感等主客观因素的限制，史学家的记载或论述不可能完整无缺地记录历史的真实情况，会存在偏差或错误。除了故意歪曲、篡改外，文字史料相对忠诚地保持了历史的真实状况。在被后人解读的过程中，文献史料体现了不能随便加以解释和篡改的客观性。判断实物史料的价值时，知道实物史料大多可以作为一手史料，弥补文献记载的空白。但是实物史料所反映的历史范围有一定局限性，遗存的保存度受所在环境的限制，也取决于本身的质量。此外，实物史料作为历史遗存，需要研究者的阐述解读，不可避免地掺入研究者的主观认知。判断图像史料、现代影音史料的价值时，要知道写实性的历史题材浓缩了创作者所处时代的历史认知与理解，有一定的主观性；图片、录像等只要经过处理、剪辑，就会降低其真实性和客观性，削弱其证史价值。[1] 除此之外，原始史料的价值高于非原始史料，实物史料的价值高于文献史料。这就要求学生学会根据不同史料的特点判断其价值，综合比对多种类型的史料、各种来源的史料，相互补充，以求最大限度复原历史。

出于对更高层次的史料实证的培养目标来看，除了依据史料的类型来判断史料的价值，还应该参考史料的真伪。求真务实的治学精神和科学严谨的研究态度，是培养学生史料实证素养的基本着眼点。不同史料对于同一历史事件有不同的记载时，应该运用多种史料互证。史料如被辨析为虚假的，相对研究对象来说，其研究价值较低。但是从研究史料作者造假的动机来看，又有较高的价值。因此，这些判断标准都不是绝对的，而是随着研究对象的变化而变化，在教学中要具体问题具体分析。

在历史试题中对史料价值的考查主要有两方面：一是指定史料类型的

---

[1] 周靖，罗明. 核心素养：中学历史学科育人机制研究[M]. 上海：复旦大学出版社，2018：39-40.

特征及价值如何，二是几种史料的价值比较。以2017新课标全国Ⅱ卷高考35题为例，题目中指出《赫鲁晓夫回忆录》虽多次出版，但是内容均有所不同，由此让学生分析回忆录的价值。回忆录是研究历史事件、历史人物的重要资料，有助于还原历史现场，丰富历史细节。但由于作者在回忆时受个人主观因素的影响，对一些历史事实采取"有选择地"回避，或者出于某种原因篡改历史，都使回忆录在使用时要多加辨析。除此之外，20世纪70年代后，《赫鲁晓夫回忆录》不同年代版本的内容不同，说明了在赫鲁晓夫去世以后，后人根据现实需要对其回忆录进行了修改。一般来说，对于历史事件的叙述，离其发生的年代越近就越接近真实。因此根据这道题考查的回忆录的价值，应该选择时代对历史叙述有影响。

（4）多渠道获取史料

在明了史料的作用，区分史料的类型及价值后，学生应在面临历史问题时，尝试、掌握从多渠道获取史料的方法。在当前历史课堂中，学生习惯接受由教师提供的史料，很少自己搜集史料。教师提供的史料多是出于为了讲解知识点，完成教学目标，易使学生先入为主，失去了探索历史真相的乐趣。因此，要培养学生从解答特定的历史问题到主动探究历史问题的意识，通过教师的示范，使学生了解获取史料的多个途径，在模仿中逐渐掌握获取史料的方法，并在今后主动探究历史问题及遇到现实问题时全面地获取资料。这一培养目标是更侧重发展性、过程性的历史学习方法，在历史试题中的考查很少，但是在实际培养中，这一培养目标起着基础性作用。

（5）提取史料的信息

提取史料的信息是对史料进行进一步分析、辨别的基础，是史料实证素养培养的重要一环。学生在教师的示范下，逐步掌握提取信息的方法，最终能够独立、准确、完整地从史料中获取与特定历史问题相关的信息。在提取史料时，首先要分清主次，选取与所探究的历史问题紧密相关的信息。其次，不仅要通过作者和出处理解史料的显性信息，还要挖掘史料的细节、隐性信息，能够清楚作者的态度、揣摩史料作者的意图。除此之外，还要关注史料的语境，不可断章取义，不过分解读、妄加揣摩，忠实于史料。

以上五点培养目标是基于实证素养水平1与2的基础上整合而成。在面对历史问题时，学生应该明了史料的作用，区分史料的类型，多渠道地获取史料，并对史料进行价值判断，提取史料的信息，作为自己论证的依据。可以看出这五点培养目标侧重的都是对于史料的认识、获取、分析，是史料实证素养最基础的要求。而基于实证素养水平3与4的培养目标则更侧重实证精神的培养，是史料实证素养的更高层级的培养目标。

2. 指向史料实证素养水平3至4的培养目标

水平3在史料运用方面对学生提出了进一步的要求，即对史料进行整理、辨析、互证。水平4与水平1、水平2、水平3最大的不同就是面临的问题对象不同。前三个水平都是针对特定的历史问题，而水平4探究的是历史问题和现实问题。求真求实的实证精神能够指导学生解决现实生活中的问题，实现培养该素养的现实意义。因此，水平3和水平4在水平1和水平2的基础上，进一步培养学生的实证精神和运用史料的能力，适用于必修课程和选修课程的教学。基于史料实证素养水平3和水平4的要求，划分为以下的培养目标。

（1）整理、辨析史料

史料是不成体系的，对于某一历史问题的相关史料往往散见在各处。因此，要对搜集到的史料进行整理和辨析，去粗取精，将解答问题的思路逐渐清晰化。学生在教师的示范下掌握对史料进行在整理和辨析的方法，分析其证史价值，从史料中为自己的历史论述提供可靠证据。

关于史料的整理方法，结合高中生的认知特点，聂幼犁教授分为时间序列、空间坐标、图表格式、逻辑要素四种方法。①

首先，时序是历史学科的显著特征。在整理史料时，以时间为维度，将历史事件进行梳理，在清楚历史事件发生的时序后，才能结合时代背景寻找各个历史事件的前因后果以及内在联系，解决历史问题。如在"中外历史纲要"中"辛亥革命"一课的教学中，为使学生认识到武昌起义的成

---

① 聂幼犁,於以传.历史课程研究性学习理论与目标纲要（讨论稿）[J].历史教学,2003(04):49

功不是一蹴而就的，教师可以引导学生以表格的形式根据时间序列整理出革命团体的成立和起义等内容。通过分析，学生可以直观了解革命的进程，了解各民主革命团体的活动，意识到事物的发展不可能是一帆风顺的，感受革命党人的不懈努力以及数次起义积累的经验促成了武昌起义的成功。其次，历史发生在特定空间下的事件。在历史教学中，有时以地图为主要形式整理史料。例如在"中外历史纲要（上）"第14课"清朝前中期的鼎盛与危机"的教学中，通过向学生呈现明、清、现代——中华人民共和国的版图，观察、比较疆域的范围变化，体会统一多民族国家版图奠定的重要意义。此外，按照图表格式及逻辑要素对史料进行整理，也是常见的史料整理方法。

关于辨析史料，史学界也提出了诸多方法。结合中学历史教学的实际与学生的认知水平，可以分为以下几点。首先要看史料的来源和出处，虚假的史料往往查无此据。其次要看作者的真实意图，分析其立场，为史料的真实性与客观性提供参考。再次从史料的内容入手，如果该史料出现了跨越其历史年代的信息，则为虚假史料。例如在对朱元璋的画像进行证实与辨伪时，有一副画像中朱元璋戴的帽子上有"帽正"，而"帽正"是清朝才出现的，因此这幅画像是清朝人根据文献记载或者想象画出来的，其作者受一定的时代背景和个人政治立场的影响，史料的价值大打折扣。最后，针对某一历史问题时，本着孤证不立的原则充分利用不同史料进行互证，比较著名的是王国维先生的"二重证据法"。整理、辨析史料，就是为了去伪存真，对历史问题有更丰富、全面的解释。学生在整理和辨别史料的过程中形成证据意识，树立"论从史出"的史学观念，完善健全人格。

（2）运用史料进行实证

实证，是渗透在历史教学中的、最终应用于解决历史问题和现实问题的一种意识和精神，是史料实证素养的最高要求。在历史教学中，实证也是一种学习历史的方法。"实证"不只是包括"证实"，还包括"辨伪"，"实证"重要的不仅是结果，过程也很重要。学生要具备实证意识，而后根据教师的示范进行模仿，渐渐培养出用自主运用史料解决历史问题的意识，最终能够在面对历史和现实问题时，符合规范地引用史料作为证据，对所探究问题进行论述。实证精神也将伴随学生一生，渗透到生活的各个方面。

史料实证素养的培养目标是根据史料实证的内涵、课程标准对其划分的四个能力分层以及评价水平划分的。各个培养目标都是前后相因、层层递进的，前一培养目标的实现是培养后一培养目标的基础，不可割裂。史料实证素养的培养也是一个长期的过程，通过各个培养目标递进式的培养，才能聚合成史料实证素养的整体培养目标，缺一不可。

二、培育路径

（一）掌握史料搜集途径 提取史料有效信息

历史新课程标准内容提到，培养学生"史料实证"素养水平目标，相应的也要求学生掌握搜集史料的途径。我们都清楚，搜集史料的目的之一就是要通过获取真实可靠的史料，弄清楚历史事实，史料越丰富就越容易接近历史的最初状况。但现实情况却是，由于种种原因学生几乎没有去尝试搜集史料，不少学生虽然会看相关历史著作，但多数仅仅是直接阅读，并没有对其当作史料对待。基本上是通过教师提供一些教学所需的史料，而教师提供的史料大多数也是依靠网络这一媒介，对于纸质文献史料、图书馆、档案馆以及博物馆等史料来源途径的多样性基本上是出于忽视状况。因此，教师在史料教学过程中，应授与学生搜集史料的方法与掌握史料的途径。要想使学生发现、探究、解决历史问题，毫无疑问，学生在历史学习中应当抓住机会进行相关锻炼。

学生获取史料的途径主要有：（1）从遗迹、遗址或考古发现中获取实物史料。（2）从图书馆、博物馆、档案馆、历史纪念馆等渠道获取图片史料、数据史料、文献史料等。（3）通过访问或采集的方式获取口述史料。（4）利用网络媒介获取视频、音频、影像资源等。以网络的方式获取史料是历史教学中最便捷而高效的一条途径，主要是考虑到搜集史料时所花费的时间和地点的限制等原因。同时，也要合理利用教材中所提供的丰富有效的史料，再辅以课外通过多种途径搜集的史料，从而探究历史问题和历史事实。

从史料中能够最大程度地获取有效历史信息，分析历史问题，提炼事实观点，或从中选取某些有效历史信息支持特定观点，这是学生学习历史的基本能力要求之一。在等级性评价中，较频繁地检验和考查学生获取史料信息能力、分析史料的能力、论述历史观点的能力等等，它们是必须被纳入历史审题的范围之中。但在实际历史教学中，提升学生历史考查能力是一个循序渐进的过程，并且，学生在平时历史学习中不太注重锻炼和提升这些考查能力，所以，通过试题的考查，学生的有关史料能力体现是显而易见的，通常他们还存在较多问题，有关能力具备较差。如提取信息不全面、审题不清、找不准关键词等等。材料分析题是历史学科考试中的主要题型之一，它具有信息容量大、能力层次高、材料来源广等特点。它能有效地考查学生的阅读、理解、分析和概括等能力，同时也能反映出教师的平时教学水平和课堂教学效果。能够准确地在史料中提取有效历史信息，学生首先要读懂题意，把握材料大意，这是解题的第一步，当然这是在学生具备扎实的历史基础知识的基础上进行的。其次要注意提示性语句，就是注意从材料介绍和材料出处获取历史时间、历史人物、历史事件等关键要素。接下来是查找关键词，比如从材料中找出有助于解题的信息、找出与教材的相似点或者找材料中与设问的相关点等等。最后也是最重要的一步，学生在历史学习中需要加强习题锻炼，积累解题经验，达到举一反三的效果，可以大大帮助学生提高历史学习中有效信息的提取能力。同时在整个过程中，教师的积极引导是学生掌握在材料中提取有效历史信息能力的重要途径。

在历史学习中，学生掌握史料的搜集途径，并在史料中提取有效的历史信息对认识历史是必不可少的，可见，这基本符合"史料实证"素养水平一的内容要求，学生能够分辨多种类型的史料，并且可以通过多种渠道获取与之相关联的史料，并从中提取有效历史信息，得以解答历史问题与现实问题。这也是贯彻教师着力提升学生"史料实证"素养水平的方针要求。

（二）认识史料学术价值 运用史料推理论证

"史料价值，又称史料的学术价值，是史料学、文献学研究中的基本概念之一。"[1]在具体教学中，对史料价值的判断和认定是培养学生史料实证素养水平的重要方面。认识史料价值能力的增强方式，一方面，历史教师让学生首先清楚关联史料价值的几个方面因素，即材料的真实可信性、材料的具体性和材料的全面性以及反映历史现象的重要性、材料的独到性等等。其中，材料的真实可信性是最主要的影响因素。在历史研究和教学过程中，要求所提供的史料能最大程度地保证真实可信，否则将会影响到历史结论的准确性。而且，整个研究过程也将毫无意义。因此，合理运用真实可信的史料才能准确地、客观地研究历史和学习历史。另一方面，教师应当更新陈旧的、落后的、传统的教学思想，保持与时俱进和积极创新的先进理念，并注入新时代的新特色。在这种氛围下，教师能够更好地熏陶、影响与引导学生学习理念的不断更新。教师不能将史料简单地运用于历史教学中，应具备科学的史料价值意识。学生也应带有批判性眼光，要勇于质疑史料的真实性。教师在利用史料时，要坚持避免"唯史料论"的弊端，以免导致历史教学研究的主观性。

判断历史材料价值性方式各有差异，最基本的方式则是清楚历史材料自身的一些特点，如真实性、全面性、独特性，等等，更重要的还要将历史材料放在与之相关联的材料体系中去分析与比较，这样更能突出史料的价值所在，进而恰当地把握和运用史料的价值。

历史研究"在于根据史料而加之推理，非直接之观察也"[2]。教师帮助和指导学生运用不同的史料，有理有据地分析与论证历史问题是检验学生历史学习的重要环节。对于提高史料实证素养水平2所要求提出的历史论述能力，学生需要认识和辨别史料的价值性和真实性。在此期间，重要一点则是教师可以及时提醒学生关注史料的出处时间，并按照时间顺序进行推理，"这样有利于学生找到史料之根，并在此基础上进行合理的分析"[3]。

---

[1] 皮明勇.谈谈如何分析史料价值[J].历史教学,1986(11):45.
[2] 何炳松.通史新义[M].长沙:岳麓书社,2010:3.
[3] 林祥芬.史料实证素养培养路径探索[J].中学历史教学参考,2019(08):50.

在历史研究和历史教学过程中，对史料的实证显然是离不开推理和论证这两个重要环节。

一个历史结论也可以用几则不同指向的史料从不同的角度、立场加以论证和说明，还可以在史料把历史人物与历史事物等作为着眼点，从不同角度去分析、处理史料，从而提炼出观点去论证历史问题。值得注意的是，在历史教学过程中进行史料推论和论证也易陷入虚假理由和自相矛盾的弊端，所以在史料推理和论证过程中要坚持史料的真实性和可信性。"史实必须通过史料的严密论证而得出，这是正确推理的基本前提。"[①]学生在探究历史问题时，要积极运用史料进行推理和论证，以提高历史问题的求证能力，这也符合史料实证素养水平的内容要求。

在历史学习中，学生在对获取的史料进行整理的基础上，分辨多种类别史料的价值高低，并合理利用价值高的史料对应当解决的历史问题进行推理与论证，进而形成自己的历史观点。可见，这与培养学生史料实证素养水平2的标准要求是相吻合的。

（三）辨别史料真伪 运用史料互证

掌握搜集史料的途径是史料实证核心素养水平培养的第一步，但教师和学生搜集整理到的史料难免会有真伪掺杂、互相矛盾的现象存在。这样史料就不能立刻运用于历史课堂教学中，所以需要通过教师指导学生对所搜集整理的史料进行辨伪、沙里淘金、去伪存真，以保证所需史料的可靠性和价值性，才能确切地、妥当地运用史料去论证历史问题，以形成对所探究的历史问题一个合理的解释。

史料是历史的重要细胞构成，不准确、不全面的史料对于解释历史和认识历史是没有价值可言的。因此，教师在历史教学过程中需指导学生进行辨别史料真伪，掌握科学方法，以取得真实、可靠、有价值的史料，这是培养学生史料实证素养水平3的目标要求，也是培养学生史料实证素养水平的重要环节。对于史料的辨别真伪，具体的判断方法较难穷尽，而且其实也不存在一个绝对的客观标准。辨伪就是运用相关的历史知识与具体

---

① 刘宇. 高中历史教学"史料实证"核心素养培养的研究[D]. 重庆：西南师范大学，2018：32.

方法来考辨历史文献中的伪书和伪文，以获得提供真实可靠的史料。要考辨真伪必须具备一定的相关证据，因为史料是过去人类所作所为而留下来的痕迹，以至于有证据保留至今。证据一般有三种类型：即书证、物证、和理证。书证，是指各种书籍文献；物证，是指实物或遗迹；理证，是指运用知识进行推理和证明。要辨伪必须全面地、广泛地收集各种材料，并进行分析与研读，以至于来辨定真伪，只有这种真实可靠的材料才能够作为证据。所以，教师指导学生应该一分为二地、科学地进行史料辨伪，并坚持以真实、可靠、有价值的史料为主，使史料有意义地运用于历史教学过程中。其实，培养学生互证历史问题的能力也可以通过在历史课堂中设计问题，提供史料，让学生们对史料进行解析与研讨，并运用不同史料论证历史问题和解决现实问题。"因此在史料实证的教学过程中要呈现出更多的有价值的史料，使史料之间相互印证和支持，树立孤证不立的实证原则。"①

在历史学习中，学生对所提供的史料进行辨伪，并通过已辨伪的史料对所探究的历史问题进行互证，从而达到对历史问题的一个恰当解释。由此，这与史料实证素养水平3的标准要求相吻合。即要求学生不仅在独立探究历史问题时，面对众多类型的史料可以去整理和辨析，而且还可以运用不同类型的史料对所探究的历史问题进行论证，以达到对历史问题更合理的解释。

（四）加强史料阅读 独立建构论述

如果教师授于学生一滴水，那么要求教师就得储备一桶水。史料实证核心素养水平的出台，对教师的各方面能力提出了新一轮的挑战，如教师教学理念的及时更新、教学方法的多重运用等。在历史教学过程中，教师要进行充分、高质量的史料阅读，教师才可以不断了解教学内容的最新研究进展，保持先进的教育教学理念。因为学生的认知水平有限，需要在教师的指导下才能有深度地开展史料学习，掌握史料有关的基本方法，并加强实践运用史料的练习，从而循序渐进的培养学生史料实证素养，提高运

---

① 刘宇. 高中历史教学"史料实证"核心素养培养的研究[D]. 重庆：西南师范大学，2018：28.

用史料学习历史的能力。在具体教学中，教师应注重史料阅读在培养与提高学生史料实证素养水平中的关键作用。而且历史教师的教学方法与学生的历史学习兴趣也有直接的影响关系。部分教师对素质教育的要求和本质以及历史学科核心素养水平缺乏全面的领悟和认识，多数教师常以陈旧的方式使用史料，或过分依赖于教科书，这样非常不利于学生的实证学习，严重影响到培养学生史料实证素养水平的效果。对于培养学生史料阅读方法，主要是批注式阅读，这就需要教师对学生进行强调和指导，让学生通过批注的方式来进行史料阅读，并且要形成主动批注的意识和积极批注的良好习惯。

史料是人类历史在发展过程中遗留下来的痕迹，是构成历史的材料，具有客观性，是历史研究的基础，它可以成为研究或讨论历史的依据。在史料教学过程中，教师在准备史料时应该要结合素质教育目标和史料实证核心素养水平标准，而不能纯为教学而简单地进行选择史料。使学生通过阅读丰富的、有质量的史料，在掌握培养史料实证素养水平的标准要求的基础上，积极鼓励学生分辨作者意思的，积极情况下，勇敢运用史料建构自己的历史叙述和历史观点，使得最终他们在独立探究历史问题或现实问题时能够运用史料来证明阐述自己的观点。这一史料练习尊重了学生由简单到复杂、具有层次的、循序渐进的认知规律。通过大量的史料实证的课堂练习，不仅可以增强学生对史料基本技能的掌握能力，而且也潜移默化地提高了学生的"史料实证"素养水平。

在历史学习过程中，学生加强充分的、有质量的史料阅读，积累丰富的史料学习方法，并积极辨别作者意图的基础上利用史料去构建对所探究的问题的历史叙述。可见，这与史料实证素养水平4的标准要求相符合，即学生能够通过辨别史料作者意思的基础上，使他们自己恰当地运用史料论述观点来解决历史问题和现实问题。

（五）针对史料实证素养培养的课程资源开发与运用

为了方便教师开展史料实证的教学活动，有条件的高中可以编写相关的校本教材，也可以充分开发各种课程资源。开发课程资源可以利用学校图书室、网络资源、当地历史资源等。高中生的学习任务紧，活动范围也比较窄，往往没有足够的时间和精力去广泛搜集史料，使用学校开发的课程资源可以节省学生的时间，提高教学效率。

1. 充分利用当地历史资源

充分利用当地的历史资源，比如历史遗迹遗址、博物馆、纪念馆、展览馆、档案馆、考古现场等，这些历史资源既可以编写成校本课程，也能作为课外探究的场所。比如笔者所在地区有英德牛栏洞遗址和古老墩遗址。英德牛栏洞遗址是新石器时代的早期遗址，是一处古人类长期活动、居住的遗址。牛栏洞遗址发现的水稻硅质体，大约在万至千年前中石器时代遗留下来，是岭南地区现已发现年代最久远的水稻种植区域。根据2017年版《高中历史课程标准》的内容，"中外历史纲要"的第一单元就是"早期中华文化"，要求学生"通过了解石器时代中国境内有代表性的文化遗存，认识它们与中华文明起源以及私有制、阶级和国家产生的关系"[①]。为此教师可以给学生安排任务：请同学们参观英德牛栏洞遗址、古老墩遗址和博物馆，探究新石器时代的古人能否使用工具，当时的群体存在等级差异吗？回校后完成小论文，注意史论结合。或者本校可以组织历史教师借助牛栏洞遗址的相关发现编写成校本教材，内容可分为新石器时期的基本生活情况、手工业工艺制作水平、墓葬习俗、聚落结构情况、与其他地区文化的关系等这几个部分。

教科书资源有限，历史教师需要充分利用身边的资源辅助教学，激发学生的学习兴趣，培养学生史料实证的能力。

2. 整合本校历史资源

学校和历史教师可以合作开发本校的历史课程资源。第一，学校图书室可开设历史图书角，配置与教学内容相关的历史书籍、期刊等，方便师生阅读，教师也可以借助这些课程资源设置相应的史料实证活动。比如本校图书室常年配备《中学历史教学》期刊供教师借阅，帮助教师获悉历史教学的发展方向，借鉴新的教学方法和思路。图书室里还配备一些历史专业书，比如斯塔夫里阿诺斯的《全球通史》、陈旭麓的《中国近代社会

---

① 中华人民共和国教育部制定. 普通高中历史课程标准（2017年版）[M]. 北京：人民教育出版社，2018.

的新陈代谢》、黄仁宇的《万历十五年》、王亚南的《中国官僚政治研究》、吕思勉的《中国通史》，等等，这些书籍有些内容经常作为历史材料题出现，因此书籍内容和教学比较紧密，学生课外阅读可以作为课堂教学的补充，教师也可以利用这些书籍设计探究活动。第二，现在网络资源非常丰富，学校可以开发校园网，建立本校的历史学习与交流平台，在内容方面要以高中历史课程要求的内容为主，首要目的是将校园网作为课堂教学的补充，其次才是增加一些开拓学生视野的课外资源。第三，学校可以将本校历史教师设计的史料实证的优秀教学案例进行整合，发放给全校历史教师学习借鉴，实现校内资源共享，同时鼓励教师在教学与开发课程资源方面合作互助，提高校内历史教师培养学生史料实证素养的整体水平。

例如笔者所在的清远市梓琛中学开设"广智"文化特色课程，形成"广智"教育体系，以培养"三善学子"为具体目标，以"广智"课程构建学校师生的各种校园活动，逐步探索出一条特色鲜明的"广智"育人之路。2019年5月至善书院成立，秉承"尚学如梓 立德如琛"的校训，以宿舍这一基本生活单位为依托，以"广智教育"育人体系为载体，结合学生自治、学生社团和书院经典活动，以国学素养、生活素养、人文情怀等为基本活动内容，构建基于学生兴趣和自主发展的文化组织。通过书院强化学生的朋辈教育、礼仪教育、生活教育与人格养成，引导学生自我管理、自主管理，提升学生综合素质，弘扬自胜致远精神。

第五章　地域文化视域下历史解释素养的培育

在历史学科五大核心素养中，"历史解释"素养是指"以史料为依据，对历史事物进行理性分析和客观评判的态度、能力和方法"[①]，是诸素养中对历史思维与表达能力的要求，体现了历史学的阐释学属性[②]。"历史解释"素养要以唯物史观为导向，以时空观念、史料实证及历史理解为支撑，在五大核心素养中是较难落实与把控的一个。然而，作为课程改革发展到新阶段的产物，核心素养从提出之日起就为每一个教育工作者提出了一个问题，即如何在教学实践中实现新课标提出的目标，让核心素养落地。历史解释素养作为高中学生的必备能力，学生历史解释素养的提升不仅关乎学生历史学科能力，对于其思维能力及价值观的培养都有着重要价值。

本章主要探讨历史解释素养培育的主要内容和路径。从历史解释素养的概念和基本层次入手分析其内涵，阐述历史解释素养与其他核心素养的关系，根据《普通高中历史课程标准（2017年版）》解读历史解释素养的水平划分。最后从更新教育理念、用"有用性"激发学生的培养兴趣、提升学生思维的广度与深度、提升学生的语言表述能力、重视课外活动价值和充分利用地域文化资源等六个方面提出历史解释素养的培育策略。

---

① 中华人民共和国教育部制定. 普通高中历史课程标准（2017年版）[M]. 北京：人民教育出版社，2018：5.
② 普通高中历史课程标准修订组. 普通高中历史课程标准（2017年版）解读[M]. 北京：高等教育出版社，2018：65.

一、主要内容

（一）历史解释素养的概念与内涵

1. 历史解释素养的概念

历史解释素养是指以史料为依据，对历史事物进行理性分析和客观评判的态度、能力和方法。[1]简言之，历史解释素养是通过"解释"历史过程体现的一种素养。

（1）从内容看历史解释素养

历史解释素养的解释对象是历史事物，历史指的是对人类社会过去的事件和活动，以及对这些事件行为有系统的记录、诠释和研究。简而言之，"历史可以分为作为事实的历史和作为解释的历史两类。无论事实性的历史还是作为解释的历史其重要呈现形式就是历史记录"[2]。

对于历史记录，记录者不可能事无巨细地将事件记录清楚，不可避免地会加上自己的主观想法，根据自己的喜好或需要对事件有所删减甚至篡改。这些因为记录不清或篡改导致不能真实反映历史的记录是否可以称之为历史记录？这些记录是否还属于历史解释素养的内容？答案是肯定的，这些记录虽没有全面正确地反映历史事件，但因为其发生在过去，本身作为一项历史活动或事件存在，则依然属于历史事件的范畴。对于正确的历史记录需要对其考证筛选作出解释，对于错误的记录则作为历史事件解释其原因及背景。历史记录中存在大量对过往的评价和结论，对于同一历史事件的评价和结论往往存在不同甚至截然相反的结果。由于时代的局限性以及历史人物的知识结构和主观意识，不同历史人物对于同一个历史事件自然会有不同的看法。如对于王安石变法，当时就存在不同的争论。时过境迁，对于貌似已经形成共识的结论依然会因为时代的需要或价值观的变化而改变，如对于秦始皇和曹操的评价。这些带有主观意识的评价与结论

---

[1] 中华人民共和国教育部制定. 普通高中历史课程标准（2017年版）[M]. 北京：人民教育出版社，2018：5.

[2] ［加拿大］保罗·谢弗. 文化引导未来[M]. 许春山，朱邦俊，译. 北京：社会科学文献科学出版社，2008：103.

不管正误都是我们需要解释的内容，在这个过程中还需要对历史人物的生平、时代背景、知识结构有所了解，此过程也进一步丰富了历史解释素养的内容。因此，过往的记录、诠释和研究都属于历史解释素养的内容，与其内容正误、观点是否偏颇无关。

以史为鉴，读史明智，历史学的现实意义在于通过了解历史理解现实，对未来作出预判。基于过往的历史事件，把握历史规律作出的现实价值判断或对未来的预测依然属于历史解释素养的内容。一方面我们所有基于现实的理解过程及未来的预判都是以过往为基础，以历史事物为前提。另一方面作为历史活动对象，我们的解释内容也将成为他人的历史解释对象。综上，历史解释素养的内容除了包含人类社会过往的记录与研究还包含基于过往对现实的解释和预判。

（2）从形式看历史解释素养

历史解释素养通过"解释"的形式体现，解释即分析说明，体现的是一种价值判断。具体到历史解释素养就是分析说明过去乃至即将发生的一切人、事、物。阐明历史事件的来龙去脉、影响、关系；评判历史人物行为、社会活动、心理活动影响因素；分析说明历史评价与记载所反映的社会环境、人物心理活动，等等。从形式上看，历史解释素养是一种带有价值评判，揭示历史逻辑关系的历史思维活动。

用"解释"而不用"解读""阐释"等相近的词汇，是因为"解释"一词既照顾了历史解释的科学性与严谨性又兼顾了历史解释的个性与不确定性。[1]解读是对别人的意见、评论作出进一步的说明，虽然保留了在个人理解基础上的特色，但是却忽略了对真相的探究动力。解读者只需要对作者"这句话""这个观点"进行个性化理解即可，不必探究作者所说和所述是否真实合理，这样就违背了历史的科学性与严谨性。如若用"阐释"进行阐明并解释，则需要进一步考虑真实性与准确性。过度追求准确的缺陷则会牺牲阐释者的能动性，虽然我们主张"有一分史料，说一分话"，然而科学的推理和大胆的猜测也是历史研究的重要方法。我们只有在不断

---

[1] 张耕华. 释"历史解释"[J]. 中学历史教学参考, 2017(09): 10.

探究的过程中才能无限接近历史真相，即使之前的所有研究全是错误的，我们也不能因此否定其价值。用"解释"一词分析说明过去发生的人、事、物，则准确反映了历史解释过程：发挥人的主观能动性，用科学的方法，揭露真相、寻求规律，最终形成自己的价值判断。

"解"和"释"是密不可分的，既要解释必有理解，既要理解必定要以一定的价值判断为前提。分析说明的过程也是思想转化的过程，在这个过程除伴随有思维活动和历史价值观外，表述过程、转述方式也是重要一环。我们在分析说明历史的时候不可避免地加入了自己的理解与价值判断，无论我们如何严谨，方法是多么的科学，思想的转化的过程也是"思想再生产"的过程。科林伍德说"一切历史皆是思想史"①的原因既是如此。事实上，从历史解释的要求来看这种主观的价值评判恰恰也是我们所需要的。历史解释本身就是把他人未知或者无法理解的人、事、物通过别人能够理解明白的方式传达给别人的过程。分析说明的前提是自己的理解程度，理解能力随知识、阅历、思维能力、价值观改变而变化，这就导致不同时期我们的历史理解能力会有所不同，进一步引发历史解释的差异。在分析说明的过程中受支配并且不断完善的是自我的价值判断与取向，受此影响历史解释也具有了主观性和发展性的特点。这也意味着历史解释并无明确的正误之分，只有好与更好的区别。虽然追求真相是历史解释的原则，然而这种思维活动在追寻真相的过程中不断深化以及转化后的现实意义，才是历史解释的核心价值所在。

（3）从能力表现看历史解释素养

历史解释素养所体现的是一种"素养"，"素养"指的是"个体在特定情境下能成功地满足情境的复杂要求与挑战，并能顺利地执行生活任务的内在先决条件，强调个体与情境之间的互动关联以及对优质生活的追求"②。也有人简单理解素养＝知识+技能+态度。③素养就是具有个人态度

---

① ［英］科林伍德.历史的观念[M].北京：中国社会科学出版社，1986：243.
② 柳夕浪.从"素质"到"核心素养"——关于培养什么样的人的进一步追问[J].教育科学研究，2014（03）：7.
③ 陈静.高中生历史解释素养的培养研究[D].成都：四川师范大学，2017.

价值的技能技巧。

首先可以明确，这种技能非天生，通过后天训练习得，具有可教性。学生的历史解释素养可以通过学校的规划和训练获得提高，人为的设计与规划就显得尤为重要，其直接决定学生历史解释素养的高低。历史解释素养，即我们分析说明历史人物、事件、事物的能力与技巧。这种技巧与能力需要后天的不断训练获得，所以也就存在能力与层次的高低的差异性。只有通过循序渐进的不断训练，这种能力才能不断提升。历史解释素养除了高低差异，还存在稳定性和依赖性特点。

作为一种无形的技能，属于对于生活环境的应激思维能力，一旦获得将深刻影响我们的思维，伴随终生。这种能力会因为修习的中断而停滞，但绝不会失去，具有持续性与稳定性的特质。如掌握游泳技能一样，一旦落水则会应激使用游泳技能脱离险境，这种内隐性的能力将深刻地影响学生的思维以及未来的生活。由于这种能力是通过不断训练获得的，所以这种能力还依赖于其他技能而实现，具有很强的依赖性。阅读获取信息的能力、判断甄选信息的能力、分析理解信息的能力、归纳总结逻辑推理能力、价值判断及叙述表达能力等都直接决定着历史解释素养的高低。

2. 历史解释素养的基本层次

结合历史解释素养的概念及特点，我们可以粗略地概述一下历史解释的过程：根据已有的认知通过搜集、整理、辨析史料，客观地理解历史事物将其描述出来，对其内在联系进行揭露，不断接近真实，最后形成历史价值判断的过程。在此过程中我们又可以将该素养划分为三个基本层次：理解描述、揭露本质、价值判断。

（1）理解描述层次

这是历史解释的基础层次，这是一个获得认知理解后将其转化为描述历史现象活动的过程。如解释"郡县制"或者"明朝中期资本主义萌芽"，学生只需要知道郡县制、明朝中期资本主义萌芽的史实，理解说出教材中相关叙述即可。这个过程主要停留在对历史记录或评述的理解和转述层面，历史的理解能力与表述能力至关重要。

学生掌握历史材料的数量和质量将直接决定着学生理解的客观性、全面性和深刻性。没有足够真实，符合逻辑联系的史料做支撑，将加大对历史事件前因后果及影响的理解难度。没有深入、客观理解基础上的解释则是强行解释，缺乏说服力与客观性。因此，获取相关信息与材料是其理解解释的基本能力。

在搜集获取相关历史信息材料的时候必然伴随筛选、分析、判断的过程。记录者因为各种各样的原因，对于相同历史事件的原因、内容、评价会出现完全不同的结果。同时由于高速发展的信息时代信息量剧增，年代久远等原因，很难判断真实信息。这就需要对其进行认真比对、分析、筛选、整理出真实全面的材料进行分析。这个过程极大地依赖于分析者以往已有的知识基础、常识、阅历以及逻辑思维能力。例如，理解"郡县制"对于加强中央集权的价值就不得不了解"分封制"的内容；分析"封建社会"与近代"封建社会"的不同，就不得不了解封建制度概念的来历；对于近代与封建社会对曹操评价的截然相反的态度，就不得不了解古今文化的差异性。基于一定知识积累和常识，运用逻辑思维对材料进行筛选、判断、分析是理解的关键。

理解历史现象、评论之后还需要一个转化过程，即表述。脑中所想常常不能与所说、所写同步，可能是思维不够深刻全面，但更多的是语言表述与文字组织能力的欠缺。只有运用语言与文字能力，将历史人、事、物、评论的理解深刻而全面地表述出来，历史解释的过程才能最终完成。

（2）揭露本质层次

随着理解描述层次的不断深入，学生历史解释能力会自动上升到揭露本质，总结规律的层次。该层次学生不局限于单个事件、人、物、评论的联系，随着理解的深入知识的增加，会将一系列事件联系到一起，揭露深层次之间的关系。例如在解释"垄断组织是资本主义生产关系的局部调整"时，学生基于自身知识结构会自然得出第一次工业革命从"工场"到"工厂"的变化，以及二战后"国家垄断资本主义都属于资本主义生产关系局部调整"的结论。社会主义生产关系的局部调整有人民公社化、社会主义市场经济体制建立，等等。进而会想到铁犁牛耕的出现使得原始农业向传统农业转变的史实。综合以上的思维过程后，学生自然会提出生产关系与生产力的问题。这个过程就是历史解释由理解描述上升到揭露本质的层次。

该层次除了需要理解分析与语言文字表述能力外，对逻辑思维、归纳整理及学生的问题意识有着更高的要求。缺乏理解描述层次知识的积累、思维能力的训练、表述能力的提升，就不会上升到揭露本质的历史解释。揭露本质的历史解释以理解描述为基础，上升到揭露实质的关键则是学生的问题意识，即能不能在众多历史现象中找到问题，提出好的问题。进行郡县制和分封制对比之后，学生能不能提出"为何周不直接实行郡县制的问题"，通过此问题的解决，继而认识到秦统一修驰道是推广郡县制的前提，才可能得出生产力的发展是制度演进的根本因素结论。由此可见，揭露本质层次的历史解释素养是一种不断深化的规律性总结能力。

（3）价值判断层次

历史解释是一个不断深入，不断接近真实历史的过程，一切历史解释的归宿都是历史价值观。历史解释起着了解过去、理解现在、预测未来的作用，在进行理解描述和揭露本质的过程中必然会对历史解释者的价值取向造成影响。

理解描述和揭露本质层次的过程必然要求"了解之同情"。为了准确地作出历史解释，需要我们将自身置身于当时的环境下，按古人所做，思古人所想才能更全面深入地理解，然后作出解释。在此过程中，也必然被当时的环境所浸染，虽未经历，但却亲身体验，情感受到冲击、精神受到洗礼，在此过程中得出自己的价值判断。

既是价值判断必然依赖于个体的学识、眼界与格局，同时也会受到当前的主流价值观影响。例如，"文化大革命"时期与改革开放后，对于"文化大革命"的价值判断有着很大差异。当然也有能够超越主流价值，如司马迁对项羽的评价、胡适新文化运动中对文化激进的不同看法，等等。历史解释追求的是客观性，却需要用主观的形式来表现，发挥主观影响的就是个体的价值判断。价值判断不仅影响历史解释，更会受个体的历史解释素养影响。影响价值判断层次能力的恰恰是个体已有的价值判断。

虽然理解描述的深入会推进另外两个层次的发展，但是三个层次之间却不是层层递进的关系，而是同时进行的。只要进行理解描述必然有价值判断参与，同时也会尝试揭露本质。三者之间是一个有机的统一整体，任何一方出现偏差都会导致另外两者出现问题。理解偏差自然把握不了规律，形成的自然是经不起推敲的价值判断；作为指导思想的价值判断和规律总结，则会直接影响理解描述的深入发展。

（二）历史解释素养与其他核心素养的关系

《普通高中历史课程标准（2017年版）》指出，历史学科核心素养包括唯物史观、时空观念、史料实证、历史解释、家国情怀等五个方面。笔者基于个人兴趣、理解和资料积累等方面的考虑，选取历史解释素养为突破口，尝试对如何培养历史学科核心素养阐述个人的一些思考，但并非承认这五个方面是孤立的或无关联的。很显然，历史解释素养和其他方面的素养不是简单的要素罗列，它们是相互联系、交叉和渗透的，且每个方面素养的培养也非一次性就能获得的，而是不断的认识、实践，到再认识、再实践的动态过程。对历史解释素养来说，它还包括不同的层次或水平层级。从整体上看，历史解释的合理性自然离不开一定的方法论基础、时空观和史料基础，历史解释的精神归宿自然指向家国情怀。

1.唯物史观为方法论基础

历史解释素养是关于历史思维和表达能力的诉求，强调历史知识的整合、思考等"会学型"价值取向，这种价值取向关注的是学习过程中的所感、所思和所评。要全面地、客观地认识历史，评价历史人物、历史事件，就要有科学的理论作支撑。坚持唯物史观是科学的理论基础和方法论基础。唯物史观是指"揭示人类社会历史客观基础及发展规律的科学的历史观和方法论"[①]。它自然是历史解释的重要方法论。学生如何正确地看待历史和解释历史，基于唯物史观审视问题无疑是必要的方法论基础。

---

① 中华人民共和国教育部制定. 普通高中历史课程标准（2017年版）[M]. 北京：人民教育出版社，2018: 4.

2. 时空观念为理念前提

时空观念是指"在特定的时间联系和空间联系中对事物进行观察、分析的意识和思维方式。"①它要求学生把事件置于特定的时空背景下的具体考察作为分析和解释问题的理念前提。失去这个前提，问题的分析和解释将陷入泛化与形式化的境地。在某种程度上，可以说历史事件是一种"境域性"存在，这种"境域性"包含时间、特定地点、特定历史人物和特定历史现象等多种具体性因素。把时空观念作为理念前提和视角，是理清时间顺序，明晰历史事件，进而全面地、客观地、理性地分析和解释事件"境域性"的重要保障。也就是说，时空观念是一种把事件置于特定的社会历史背景下的具体考察的自觉意识、理念与方法，这种理念与方法是用历史的眼光评价历史事件的客观性所决定的。对于学生来说，客观地分析和解释问题的能力不是可有可无的品质，而是必备的素养，这种品质与素养对于思考如何处理历史解释的客观性与主观性之间的张力是至关重要的。

3. 史料实证为内容基础

史料实证是指"对获取的史料进行辨析，并运用可信的史料努力重现历史真实的态度与方法"②。可见，再现事件的原貌，还原史事真实度，是学生看待历史应有的态度和精神。史料作为历史存在的重要印记和凭证，是进行历史解释的内容基础和起点。可以说，没有史料的教学很难谈得上历史解释素养的培育。鉴别史料真伪是解读史料的前提，一方面，客观和真实的史料是正确的历史解释的保障；另一方面，史料实证的过程所包含的理性假设和实事求是的求证等思维活动，不仅是史料实证素养本身的要求，也是历史解释素养的要求。同时，历史素养还提出"价值负载"层面的要求，使史料被赋予新的时代价值，警示和启示着现在和未来，这正是"以史为鉴"的深远意义。在人类漫长的历史发展过程中，留下了各种形式、各种形态的史料，我们了解和解释过去，学习和借鉴历史主要靠的就

---

① 中华人民共和国教育部制定. 普通高中历史课程标准（2017年版）[M]北京：人民教育出版社，2018: 5.

② 中华人民共和国教育部制定. 普通高中历史课程标准（2017年版）[M]北京：人民教育出版社，2018: 5.

是史料。

4. 家国情怀为价值方向

"家国情怀是学习和探究历史应具有的人文追求"[1]。家国情怀是历史解释的基本价值立场和方向。在世界历史解释面前，家国情怀认同感不是可有可无的，尤其在全球化浪潮逐渐兴起的时代，民族自信、文化自信、理论自信是必需的，这些自信首先源于家国情怀的价值认同，家国情怀是青年学生价值体系中最鲜明的特色标志和方向指引。身处国际化和全球化思潮兴起时代，强调家国情怀，深化家国认同感，对每个人尤其是将来承担祖国重任的青年学生来说是必要的，尤其对于学生把握人类历史解释的民族性和世界性之间的张力将起到价值支撑的作用。

（三）历史解释素养的水平

1. 培养标准水平划分

《普通高中历史课程标准（2017年版）》将"历史解释素养"的培养标准划分为四个水平，见表5-1。

表5-1 历史解释素养水平划分[2]

水平	历史解释素养
水平1	能够辨别教科书和教学中的历史解释；能够发现这些历史解释与以往所知历史解释的异同；能够对所学内容中的历史结论加以分析
水平2	能够选择、组织和运用相关材料并使用相关历史术语，对个别或系列史事提出自己的解释；能够在历史叙述中将史实描述与历史解释结合起来；能够尝试从历史的角度解释现实问题
水平3	能够分辨不同的历史解释；尝试从来源、性质和目的等多方面，说明导致这些不同解释的原因并加以评析
水平4	在独立探究历史问题时，能够在尽可能占有史料的基础上，尝试验证以往的说法或提出新的解释

---

[1] 中华人民共和国教育部制定. 普通高中历史课程标准（2017年版）[M] 北京：人民教育出版社，2018：5.

[2] 中华人民共和国教育部制定. 普通高中历史课程标准（2017年版）[M] 北京：人民教育出版社，2018：5.

2. 学业质量标准划分

新课标根据四个培养水平制定了学业质量标准。历史学科的学业质量是学生完成历史学科课程学习后的学业成就表现。学业质量水平描述见表5-2。以历史解释素养学业质量水平描述1为例，水平1-4中"1"代表历史解释素养水平，"4"代表历史解释素养所包含的四个方面中第四个方面，即历史解释。

表5-2 历史解释学业质量水平描述[①]

水平	质量描述
1	1-4能够有条理地讲述历史上的事情，概述历史发展的基本进程；能够说出重要历史事件的经过及结果、重要历史人物的事略、重要历史现象的基本状况
2	2-4能够分析有关的历史结论；能够区分历史叙述中的史实与解释；能够在叙述历史时把握历史发展的各种联系，如古今联系、中外联系等，并将历史知识与其他相关学科如地理、语文、艺术等知识加以联系；能够选择、组织和运用相关材料并使用相关历史术语，对具体史事作出解释；能够尝试从历史的角度解释现实问题
3	3-4能够分辨不同的历史解释，尝试从来源、性质和目的等多方面，说明导致这些不同解释的原因并加以评析；能够选择、组织和运用相关材料并使用相关历史术语，在正确的历史观和方法论的指导下，对系列史事作出解释
4	4-4能够在独立探究历史问题时，在尽可能占有史料的基础上，尝试验证以往的说法或提出新的解释；能够在正确的历史观和方法论的指导下，全面、客观地论述历史和现实问题

3. 培养标准与学业质量标准解读

历史解释素养培养标准的四水平要求的难点和侧重点不同[②]，这四种水平对应着四种学业质量标准。水平1侧重于基于历史知识的历史理解和分析，教师可以根据学业质量标准检验水平1的达成。水平2是新课程标准要求全体学生经过必修课程的学习后形成"历史解释素养"必须达到基本要求，主要侧重于基于具体历史材料和术语对现实问题的解释，属于运用、分析、综合思维层面上的较高认知水平要求，教师可以根据学业质量标准

[①] 中华人民共和国教育部制定. 普通高中历史课程标准（2017年版）[M]北京：人民教育出版社，2018：42.

[②] 丁方媛. 高中历史解释素养培养存在的问题与对策[D]. 南宁：广西师范大学，2018.

检验水平2的达成。水平3是学生在必修课的基础上，学习选修课程后应达到的水平，主要侧重于形成历史解释的方法（如分辨历史解释多样性的原因），教师可以根据学业质量标准检验水平3的达成。水平4是未来高考命题的参照标准，要求学生像史学工作者那样，尝试进行初步的历史研究，主要侧重于基于前三种水平的创造层次的更高认知水平要求，教师可以根据学业质量标准检验水平4的达成。当然，由于学生本身所具有的差异性特征，学生的学习水平和发展程度并未总是处于理论层面上的一致性，即低年级学生超出应有的历史解释素养的水平层次的可能性是存在的，这是要求教师在培养学生历史解释素养过程中必须认识和把握的。

从历史解释素养培养标准的水平及其对应着的学业质量标准的联系来看，二者属于由上至下的概念构建逻辑，即先出于理想图景的诉求，在走向具体教学实践的变革。这种性质的变革的优点是愿景本身具有激励性，很容积激发和增强人们变革的热情与信心，尤其是在越发意识到信息时代对教学冲击带来的焦虑和压力时，这种热情和信心是不言而喻的，但唯物辩证法启示我们，理想和现实从来都不是一回事，这也正是新课标根据这四个水平层级制定的学业质量标准的根本原因所在。

二、培育路径

（一）更新教育理念

历史教师是培养历史解释素养的组织者与引领者，组织者的教育理念决定其教学策略，教育观念停滞不前则会直接影响到历史解释素养培养策略。唯有不断更新教育观念，及时尝试先进的教学实践，才能确保学生包括历史解释素养在内的能力获得持续性进步。学生需要一碗水，教师需有一桶水，当学生有了一桶水，教师则需要有一池水。学生的智识在增进，老师也需要进步。为了确保老师由"一碗水"到"一桶水"，再到"一池水"，最后到"小溪""大海"，老师需要有"源头活"水来不断提升自己以应付挑战，这个"源头活"水就是及时更新的教育理念。

1. 更新教育理念的途径与方法

更新教育理念，需要不断开阔视野获得发展性指导。参加学校培训讲座、定期到其他学校学习交流、网络课程学习都是教师开阔视野、提升自我的好方法。考虑到时间精力及成本，网络学习则是最为高效便捷的途径。教师可以通过网络与各地教师实时互动，也可以通过网络及时了解最前沿的教育动态，同样能够通过网络公开课与视频讲座领略大家风采。然而调查发现，教师通过网络提升自我的现实状况却很差，不论是因为缺少时间还是自律性差，其根源都在于缺乏提升自我的动力。

2. 通过需求提升动力

动力往往源于目的。提升教师自我学习动力需要从学习目的着手。努力往往源于需求，通过外在活动的需求可以激发教师提升自我的内在动力。教师可以通过积极参加学习交流活动、教学技能比拼大赛、同课异构教研活动以及教学研究活动增加提升自我的需求。有了需求与动力，如果不能够及时应用到实践来增强成就感，这种动力将很难持续发展，动力会随需求的暂时满足而消失。因此，教师还要有意识地不断将所学知识应用到教学实践中去，通过实践让教育理念变得深刻。这种教学实践既包括课堂教学也涵盖日常教研时的理念分享。这种通过教学实践获得的成就感将成为教师不断提升自我，更新教育理念的不竭动力。

（二）用"有用性"激发学生的培养兴趣

1. "有用"是"兴趣"的不竭动力

提升学生的学习兴趣是提升课堂效率促进学生历史解释素养进步的前提。"有用"催生兴趣。例如，试题训练对考试有重要价值，导致很多学生对做题感兴趣。课堂上，当听到老师强调某个知识点要考时，学生则会立刻专注于老师所讲内容，这就是有用性激发的学习兴趣。然而，考试的有用性激发的学习兴趣具有极大的不稳定性。这种兴趣会随考试的临近日益加强，考试结束而消失。只有让学习成为不断解决生活问题的途径，学生才会发自内心地渴望学习。

2. 提升学习内容"有用性"的方法与原则

历史的功能在于理解现实，建立所学知识与现实生活的联系是提升学习有用性的重要途径。在讲"美国三权分立内容"时，教师可以将现实中美国总统遭弹劾的事件引入，也可以通过学生对美国的现实介绍，引入背后的制度原因。建立所学知识与学生现实生活的联系要把握两个原则。一是所提问题是学生真正熟知且感兴趣的问题。这些问题可以是重大新闻事件，也可以是学生生活中的小事，比如讲"建国以来教育的发展"时，可以通过学生面临的高考中文理科升学压力差异、文理科院校和专业与报考人数不匹配的现实问题来追溯原因。除了现实生活事件，与学生所学知识相联系的现实问题也是很好的切入点。如讲"专制主义中央集权制度"时，可以用学生熟知的《陈涉世家》原文提出疑问"……亡，亦死。举大计，亦死……""陈胜是在确定逃跑没有出路后选择了起义，为何他如此确定逃跑一定会被抓住？那可是交通、信息无法与今天相比的秦朝"也可以继续追问："古代像李白、苏轼等都被发配边疆，途中不逃跑的制度原因是什么？"在讲"古代的商业"内容时，通过学生学过的"郑人买履"原文："……及返，市罢，遂不得履"提出问题"天未黑，为何会市罢？"类似这些学生熟知的知识内容，都可以作为现实问题来探究以激发学生的兴趣。所提问题与所学知识确实存在逻辑关系则是第二个要遵循的原则。现在即过去的体现，然而过去与现在并不是每一件事情都存在内在联系，如果为了教学对其进行强联系则会因为逻辑混乱打击学生学习兴趣。如在讲"布雷顿森林体系标志美国金融霸权建立"时，就不能想当然地同美国滥发货币的现状简单联系，否则学生会自然提出"美国印发货币以黄金做支撑，美元可以自由汇兑黄金，大量印发货币不就导致财富缩水吗"等疑问，引起思想混乱。避免出现此类问题，只需要改变提问方法从学生认知层面寻找熟悉的问题，然后与所学知识建立联系即可。

（三）提升学生思维的广度与深度

1. 通过教学线索提升教学内容逻辑性

提升学生的历史解释素养要从提升课堂教学的逻辑性及深度着手。历史解释素养是一个理解输出的过程，学生理解的过程即是锻炼历史思维的过程。现实问题是教师教学环节相对独立缺乏内在联系，对于重要的历史概念也是"用概念解释概念"未能深刻揭示内在联系。提升课堂教学逻辑性的有效方法就是找到一条能够贯穿教学内容的线索。如讲"新中国初期的外交"时，老师若按照课本结构讲完"独立自主的和平外交方针"，接着讲"和平共处五项原则"，然后则是"参加两次国际会议"如此设计则无法体现三者间的关系。无法揭示历史过程内在联系的课堂，很容易变成理论性的政治课课堂。如果将新中国面临的国际、国内背景分析清楚，就能得出新中国亟须处理五类外交问题：（1）如何处理历史遗留的屈辱外交；（2）如何处理冷战时期以美国为首的资本主义阵营的关系；（3）如何处理同苏联为首的社会主义国家的关系；（4）如何处理同亚非拉国家间的关系；（5）如何走向世界恢复大国外交，参与国际事务问题。前三个问题是亟须处理的外交问题，其结果就是"独立自主和平外交方针"的提出，第四个问题的解决则提出了"和平共处五项原则"，有了"独立自主的和平外交方针"和"和平共处五项原则"，中国开始走向世界，积极主动参与国际事务。如此设计贯穿全部教学内容，逻辑联系紧密，同时也讲明了事件内部的联系，通过提升学生的历史思维促进了学生历史解释素养的发展。

2. 对知识进行生活化重塑，降低理解难度

提升课堂教学的深度还在于对知识的生活化重塑。古今文化生活、价值观念的差异性加大了理解难度，如果用通俗的生活化语言帮助学生解读晦涩问题，对于学生理解则会达到事半功倍的效果，学生考虑问题也会更加深入而全面。例如讲"选官制度"时，可以直接借用刘邦的《大风歌》帮助学生理解原因。从统治者的角度忧虑"安得猛士兮守四方"进而理解"历代选官制度的目的都是为了选拔精英人才巩固统治"，那么不管是"察举制"还是"九品中正制"执行之初主要发挥了积极影响。在讲"科举制扩大统治基础"这一概念时，对其生活化重塑："统治基础字面理解就是统治的根基，好比支撑屋子的柱子，扩大统治基础就是让更多的人拥护现在的统治，成为稳定统治的柱子。科举制让很多以前不可能成为柱子的人有了可能性，这些人自然拥护政府成为其统治基础"，如此解释

简便易懂。

3. 创设情境，提升体验

同样创设情境也是提升学生思维的很好策略。创设情境让学生置身于具体时空，学生能够真切体验感知历史发展的内在联系，进而获得提升其思维的效果。[①]在讲"秦朝统治地方的制度内容"时，让学生分角色扮演再现"分封与郡县之争"局面，辩论的过程就是学生深层次理解郡县制取代分封制的过程。因为有了深入的参与，学生自然能够提出"既然郡县制更好为何不在更早的时间推行，西周为何不直接推行这一制度？"的问题，进而引出"秦全面推行郡县制的条件"这一内容，学生自然能够理解"秦的统一、修驰道、统一文字、货币、度量衡都是能够推行郡县制的前提条件"，建立遍及全国的交通是生产力发展的结果，进而得出"生产力的提高是推行郡县制的根本原因"这一认识。

创设情境要把握好三个原则。一是提前安排，提前准备。如果是课堂现场创设情境，教师必须做好精心准备，把相关史料内容准备好，按照逻辑自然铺设，帮助学生进入情境深入思考。如若是采用情景剧形式则需要提前安排好相关学生，把以上工作做好，避免达不到应有效果。二是选取内容要精简并要让学生"够得着"。课堂时间的有限决定必须重视效率，情境创设的选取要遵循"一节课不超过两个"的原则，情境创设的内容选取也要与教学内容的重难点相匹配。数量过多、抓不到重点的情境创设将是对教学时间的极大浪费。创设情境的内容也要考虑学生的知识结构，知识内容要让学生通过一系列活动能够理解，要在学生原有知识结构基础上进行建构，以此确保效果。三是创设情境过程中教师要做好指导工作，但要避免深度参与。在实践过程中，很多老师在铺设情境的过程会因为参与过多而不自觉地释放一些"诱导性结论"。这些诱导性结论会直接固化学生思维，失去该活动的价值。在此过程中作为组织者一定要耐得住性子，给学生深度参与思考的机会允许学生犯错，如此才能保障学生的自由思考空间，促进历史解释素养的稳步提升。

---

① 徐继宽. 历史解释的三重境界[J]. 中学历史教学参考, 2018(06)：12.

4.补充必要知识，完善逻辑线索

补充相关必要知识也是完善逻辑关系，提升学生思维的有效手段。课本的结论化特点删除了大量的背景知识，而部分背景知识恰恰又是学生理解结论的关键，对必要的知识进行补充就变得十分重要。在讲"新中国初期的外交"时，如果能够简单补充历代的对外关系内容，学生则更容易理解我国的外交政策。历史的魅力就在于过程，在于其存在的因果关系和传承性，补充必要知识，将事件放入大的历史背景中进行分析，对学生的思维能力，历史解释素养的培养有重要意义。除此之外对一些必要的常识性内容补充也很有必要。例如学生很难理解现在看到的青铜器那种颜色在古代竟然是宝贝。在讲"古代的农业"时，课本图片展示的犁壁是直的，学生如果没有"生铁含碳量高、可塑性差"的常识，也就很难得出"生产力有限导致犁壁是直的原因"，学生则更难以理解"取代二牛抬杠式的耕作方式是生产力进步的表现"。只有经常性地了解学生的知识结构，从学生的角度去认识问题，才能发现学生理解困难的症结所在，通过补充必要的常识内容，提升学生的思维逻辑。

5.建构相悖的知识与结论，思想完善再认识

建构相悖的知识结论也是提升学生历史解释素养的重要方法。学生习惯于接受认可教师的教学设计及课程安排的结果，就会形成惯性思维。历史解释素养需要通过学生的思维加工进行表达，因此在教学过程中需要设计能够激发学生自发思考、重新审视所学、获得更深层次认知的内容。好的方法就是提供与学生认知相悖的内容和结论，引发学生深入思考。例如对于"三省六部制"，学生的惯性思维就是"提高行政效率，加强君主专制"，如果提供一则关于三省之间相互推诿，削减行政效率的材料和试题，与学生的惯性思维相悖，则可以很好地深化学生对三省六部制的认识。提及"九品中正制"，学生第一感觉就是"依靠门第选官，不利于选拔人才稳定统治"。这是因为课本上"九品中正制"的内容是作为科举制度的背景编排的，学生因为对科举制的深入了解自然会固化对九品中正制的看法。如果补充一则关于"九品中正制"实行之初选拔了大量有才能的官员，与学生的固有观念相悖，引发思想冲突，继而再分析魏晋时期战

乱，固有的察举制等选官制度难以推行，世家大族则凭借经济文化政治方面的有利条件有着明显的人才优势（文化优势主要体现在书籍垄断：此时书籍的形式主要是竹简，价值不菲，其获得主要靠传承）如此学生不仅会对选官制度有全新的认识，还能够对"生产力的发展是推动选官制度变化的根本原因"有更深入的理解。因此，教学过程中在学生认知的基础上展示截然相反的认识和理论，对于提升学生思维深度广度大有裨益。

（四）提升学生的语言表述能力

历史解释素养需要通过表述的形式体现，学生的历史表述能力则格外关键。现实过程中很多学生能够理解历史并得出自己的认识，然而这种理解和认识多是缺乏系统与内在联系的碎片化内容。语言表述的过程就是将这些碎片进行再加工、系统化的过程。因此，表述能力本身体现的就是历史解释素养层次，同时表述能力的欠缺也会阻碍学生历史解释素养的进一步提升。

1. 用"提问题"与"复述"的方式增加表述机会

提升学生语言表述能力首先要发挥学生的主体地位，给予学生更多的表述机会。提问题是一个常用且高效的方法。"无问题就无解释，有了问题，才有解释的冲动与必要。"[①]老师提问题，学生思考、回答问题的过程就是组织语言，锻炼表述能力的过程。现实操作中老师提问题也要掌握以下技巧：

（1）所提问题要有用、有效，提问要服务于课堂。课堂的提问一定要为教学所用，所提问题内容源于所学，目的则是为接下来教学环节铺垫所用，避免因提问与课堂无关内容打乱教学逻辑和节奏，浪费了宝贵时间。还要确保提问的高效性，忌讳随意提问一些"好不好""对不对""行不行"等无效问题。同时也要避免出现一些诱导性的结论性提问，如"随着殖民扩张的进行为欧洲带来源源不断的财富的同时，也给拉美带来沉重的灾难，殖民扩张带来哪些影响呢？""由于欧洲忙于一战，中国民族资本主义有了快速发展，有了短暂的春天，春天为何会短暂？"本身提问的目

---

① 方军.制造历史解释的途径：第一手史料与冲突性问题[J].历史教学（上半月刊），2016(03)：7.

的就是让学生进行思考组织答案，然而这种诱导性的结论性问题，使得学生省略了这一过程，只需要重复问题即可，失去了提问的价值。

（2）给学生思考组织语言的时间。实践过程中，个别老师考虑时间等问题，在提出问题之后没有等学生思考即自己公布答案。这么做既达不到预期效果，反而浪费了时间。

（3）在学生回答问题的过程中，做好逻辑引导。很多老师不肯把回答问题的时间留给学生，很大原因是学生无法回答出老师心目中的答案，于是有了老师自问自答甚至与学生抢答的局面。学生答错、答偏、答不全是正常的结果，老师需要在此过程中进行引导帮助完善。这种指导是学生思考后的指导，要与诱导性提问相区分。除了提问题，让学生参与的常见方法就是复述法。让学生复述老师刚才阐述的某一问题，复述课堂总结，或者复述课本上某个事件的内容。这也是一个考验学生历史解释素养、语言表达能力的高效方法。复述看似很容易的一件事，却要经历阅读、理解、思维加工，整合转述的过程。在复述的过程中因为有"原版范文"的帮助，学生可以很快地纠正自我，完善语句向"原版"靠拢，从而获得表达能力和思维能力的突破。因此，在教学的过程中教师可以多尝试提问题、复述两种方法，给学生提升自我历史表述能力的机会。

2. 通过试题训练与讲评加强指导

提升学生历史表述能力除了多给学生表述机会，还要对学生进行策略性指导。通过主观题的训练与讲解是指导提升学生表达能力的有效手段。日常布置主观题批改和讲评的时候，做以下几点要求。（1）抓住答案的关键词，答案要简略。以此"抽丝剥茧"让学生学会语言表达要抓重点，避免不知所云。（2）把逻辑线索写清楚。逻辑即联系，组织答案的过程把前因后果写明白，忌"假大空"和"万精油"式的结论性作答。以此提升学生逻辑层次，做到条理清晰。（3）用恰当的文字组织答案，用恰当的文字与合适的句式把前面的逻辑线索和表达的重点内容进行整合。日常教学过程中评讲与训练试题严格按照以上要求去做，学生的表述能力则会逐步提升。

（五）重视课外活动价值

能否高效利用好课外时间对于学生历史解释素养的培养至关重要。学生课堂的学习依赖于课下的消化与积累，课外形成的思维观念以及学习能力则直接由课堂学习效率决定。

1. 开设校本课及社团活动

教师通过开设校本课以及组织社团活动，可以借助课外活动的形式提升学生历史解释素养。一方面老师要对学生的课外学习加强指导，利用好本校的"导师制"和"校本课"直接对学生课外学习进行引导与干预。借此方式确保学生在课外活动时间及时获得帮助与指导，提升课外活动的价值与效率。如举办"模拟联合国""辩论赛"等活动，通过学生直接参与，提升了学生的语言表达能力，在与别人辩论或组织语言论点的过程就是提升自我逻辑思维的过程。语言表达能力及思维能力的提升促进学生历史解释素养的提高。

2. 通过课后活动作业加强指导

布置活动作业也是通过课外活动提升学生历史解释素养的有效手段。例如布置校本课程展示作业，要求学生完成至少对三个校本课程介绍，介绍内容要包括课程目标、课程内容和要求以及自我的学习感受等等。教师通过布置作业的方式，直接指明了学生课后活动方向，（学生明确课后任务，知道要做什么）同时也指出了教师对学生课后学习的具体要求和达成效果（学生知道要怎么做，做到什么层次）。从学生的角度来看，活动作业直接省略了选择过程，提升了课后学习效率与动力，也避免了因畏难心理作出非理性的选择。然而课后作业也存在占用学生过多时间，不利于发挥学生自主性的问题。通过布置形式多样化的作业以及对量的控制可以很好地解决此类问题。比如可以给学生多个作业选项或者将一周、一个月的作业交给学生，让学生自己统筹具体的每日安排，增强学生的主体性与自主性。

（六）充分利用地域文化资源

1. 运用博物馆资源，培养历史解释能力

人们对历史的解释是多样的，在对基本事实的陈述中带有个体的主观认识。通过辨析史料，辩证、客观地理解历史事物，从历史表象中发现问题，并揭示其表象背后的深层因果关系，以客观、辩证的眼光看待和评判历史，不断接近历史真实。博物馆资源是历史教学中重要的资源之一，馆内大量的图片资料和珍贵的文物史料，让学生对历史事件的发展脉络有更清晰的认识。将博物馆资源与历史课程教学有效结合，有利于加深学生对教材知识点的理解，提高学生历史解释能力。

另外，随着博物馆信息化建设步伐的加快，国内不少博物馆已建立了数字博物馆，教师可以不受教学课堂地点的限制，将博物馆丰富的历史资源充分运用于教学。比如，清远博物馆（http：//www.qybwg.com.cn/），学生可登录网址进行数字全景游览，虚拟展示馆内情景，让人有身临其境之感，利于学生更好地了解清远地域文化，加深对相关知识的历史理解。

2. 实地考察

有学者认为实地考察是乡土历史在高中历史教学中运用的重要手段。他们普遍认为：第一，通过对乡土历史资源的考察探究，可以开拓学生的视野，相应地对史料实证会有更深的理解[1]。第二，现在的学生普遍缺乏团队合作意识，在乡土历史资源的考察探究中，刚好可以组织学生以小组为单位，对当地历史古迹进行实地考察，并要求学生谈论制定具体的考察方案。考察完之后，每个小组提交自己的考察报告，并在班级里展示。历史学科的学习非常注重实践，以小组为单位进行实地考察可以培养学生的实地考察能力，也可以培养学生的团队合作意识。如果整个班级的学生都能够积极参与进来，通过这样的实地考察活动，定能激发学生的学习兴趣，进而全面提升班级学生的历史水平，也可以更好地落实历史学科核心素养。第三，学生对当地历史相对熟悉，通过对熟悉的历史实地考察，可以更好落实生活化教学[2]。传统的历史课堂枯燥，讲述的历史与学生的生活实际相隔甚远，但如果运用学生相对较为熟悉的乡土历史资源，并通过学生的实地考察，可拉近学生与历史学科的距离，改善传统历史课堂枯燥的现

---

[1] 陈金英.潍坊地区中学历史乡土课程资源的开发与利用研究[D].济南：山东师范大学，2012.
[2] 彭睿.中学历史教学中乡土课程资源的开发与利用——以衡水地区为例[D].石家庄：河北师范大学，2013.

状。实地考察的关键在于学生的参与程度和考察方案的制定,所以历史教师一定要积极调动学生的整体参与程度,并指导学生如何制定行之有效的考察方案。考察过程中,一定要强调注意安全。整个考察过程,历史教师要全程参与,一来时刻提醒学生注意安全,做好安全保障,二来也可对学生的考察做具体指导,还可以起到监督的作用,拉近师生之间的关系,教学相长。

整体来讲,实地考察本土乡土资源是有效学习历史的一种方式。笔者所在的清远市乡土历史资源丰富,教师可在学校的支持下制定相关的方案,组织学生分批次地考察本市具有代表性的历史古迹,如慧光塔、牛栏洞遗址、史老墩遗址、巾峰山摩崖石刻、观音岩摩崖石刻、冯达飞故居、陈可钰故居、南岗古排、东坑黄氏宗祠、功垂捍御牌坊、藏霞古洞、惠爱医院旧址等,并结合教材内容进行分析,充分发挥实地考察的作用,以提升学校整体的历史水平。具体内容见附录三。

第六章　地域文化视域下家国情怀素养的培育

　　中华文化源远流长，家国情怀深深地扎根在每个中国人的心中，成为中国优秀传统文化的重要组成部分。2017年1月，中共中央办公厅、国务院办公厅印发的《关于实施中华优秀传统文化传承发展工程的意见》（以下简称《意见》）提出："传承发展中华优秀传统文化，就要大力弘扬有利于促进社会和谐、鼓励人们向上向善的思想文化内容。"[1]同时，《意见》指出中华优秀的传统文化蕴含着丰富的道德理念和规范。党的十八大报告提出把立德树人作为教育的根本任务，因此，在高中历史教学中，我们应当以社会主义核心价值观为依据，引导学生学习中华优秀传统文化，在实践教学中落实以德树人的根本任务。与此同时，随着教育改革的发展，历史教育越来越重视对学生自身素养的培养。2017年教育部新修订的《普通高中历史课程标准（2017年版）》把家国情怀纳入历史学科五大核心素养当中去，这体现了国家对于学生爱国情怀、家国观念培养的高度重视。历史教育的目的就是通过历史现象来思考和分析社会存在的问题并能够准确地表达出自己的看法，形成正确的世界观、人生观和价值观。对于家国情怀的教育，力求引导中学生认识到中国梦是我们每一个中国人的梦，增强对国家的认同感和归属感，民族自豪感与责任感，做一个自尊、自爱、自强不息的中国人。家国情怀素养是历史核心素养体系中的信念系统，决定着历史教学的方向和落脚点，对于学生世界观、人生观、价值观养成有着至关重要的作用。可以说，家国情怀就是历史学科教育教学的核心和学生历史学习的灵魂，因此，培养学生的家国情怀素养是当前国家基础教育的

---

[1] 中共中央办公厅 国务院办公厅印发《关于实施中华优秀传统文化传承发展工程的意见》_2017年第6号_中国政府网[EB/OL]. http://www.gov.cn/gongbao/content/2017/content_5171322.htm.

重中之重。

一、主要内容

（一）家国情怀内涵的发展演变

家国情怀是中国历经几千年沉淀下来的一种情怀，它贯穿社会的各个方面，具有非常重要的社会地位。但家国情怀并非一成不变，它随着社会的发展、时代的进步而不断丰富与完善。因此，我国古代家国情怀和近现代家国情怀具有不同的时代内涵，高中历史课程对家国情怀的教育培养应当区分不同时代、不同阶段的家国情怀内涵，从而引导学生了解不同时期家国情怀的发展历程，培养符合当今时代家国情怀的优秀接班人，为实现中华民族伟大复兴作出贡献。[①]作为中华儿女，将小家置于国家命运之中才能实现家庭的幸福生活，将国家命运与小家紧密相连才能实现国家繁荣昌盛。

1. 中国传统的家国观念

在社会生产力逐渐发展的过程中，原始社会家庭关系开始逐渐转化，母系氏族关系逐渐转向为父系氏族关系，由此也确认了子女与父系之间的血缘关系，家庭关系中一夫一妻制也开始逐渐产生。家庭的出现，使人们之间能够相互依靠，每个人都有具体的分工，人和人之间的关系也更加息息相关，有着更为稳固的物质基础。夏朝建立了我国历史上的第一个奴隶制国家，家国观念由此产生。西周时期实行宗法制，宗法制是以父系血缘关系的亲疏来维系政治等级的制度，它将"家"与"国"更加紧密地联系在一起，"家国同构"由此形成，它也是宗法制社会的标志。构成社会的基本因素离不开政治和经济，"家国同构"观念的发展也离不开古代经济的发展。中国古代经济基础是以小农经济为主导地位，中国的数千年社会结构的发展也离不开与小农经济生产方式相联系的家族制，在中国悠久的传统文化中家庭观念一直占有很重要的地位，形成了由家庭到家族再到国家的一个社会整体。古代实行专制主义中央集权制度，这种具有单一性的

[①] 何勇.历史教学中对学生家国情怀教育的刍议[J].科学咨询（科技·管理），2016（01）：160.

政治、经济发展方式使中央与地方更加紧密地联系在一起，我们从古代历代统治者所制定的政治、经济政策中就可以看到家庭与国家之间的联系。比如在商鞅变法中所推行的"什伍连坐制"使用严苛的法律制度，以家为单位将农民牢牢地束缚在土地上，建立了相对紧密的、从上至下的社会组织，从而使国家更方便地管理税收，加强对人民的控制，政权得以稳固。在宋朝王安石变法的青苗法中，也是在家庭的基础上来维护古代封建的经济的政策，从而减缓了北宋积贫积弱的局面——利用官府出资贷款给农民，帮助农民进行耕作，当农作物收成后再随税收返还给官府，从而在一定程度上减缓农民的经济压力，也减少了流民的产生，为国家稳定与安全提供了保障。这些都体现了小的家庭单位与国家息息相关的表现，在这种较为单一封建的经济政治关系下，家与国的紧密相连，从而也衍生出独特的传统文化"家国同构"的心理结构。

在"家国同构"的社会结构中，家庭、家族、国家在某些方面具有共同性。家国同构的观点主要分为三点：一是以血缘为依托点。站在历史与逻辑统一观点来看，在社会生产力不断发展的过程中，社会会出现一部分剩余产品，这部分剩余产品会逐渐地转移到另一部分人的手中，剩余产品的增多也会导致经济地位的提升，从而会出现不同的阶级以及阶级间互相对立，作为国家标志性特征的公共权力也会转移到一个或几个统治集团的手中，这些统治集团既是行政关系又是具有血缘关系的大家族。在以后长期的朝代更迭中，宗法制一直长期存在，血缘关系一直发挥着重要的作用。血缘将政治关系与家族为中心的血缘关系相交织在一起，成为权力分配的根本标准，因此，血缘关系是家国关系的基本依托点。二是忠孝一体。忠孝一体也是家国同构观念的一个重要特征，它要求将家庭的孝与国家的忠相结合，由家庭上升到国家，对家长是否孝顺成为检测家庭成员价值的标准，对君主忠诚，是每个臣民应履行的义务。"忠"体现了政治上的等级，"孝"体现了家庭血缘关系上的等级，虽然忠与孝在内涵和形式上都不一样，但从其根本上都是属于"礼"，都是为了维护封建伦理纲常，从而有效维护国家统治。三是君父相应。在家庭中，父子关系在家庭关系中尤为重要，父亲具有绝对的权威。在国家中，君臣关系在政治关系中也尤为重要，君主是专制体制的最高统治者，而君臣关系就如同父子关系。

"家国同构"把封建政权的合法性与个人情感联系在一起，促进了封建专制主义中央集权的发展，增强了社会的凝聚力，形成了"有家才有国"的观念。家国观念也代表了中华民族朴素的爱国主义，在历代抵抗外来侵略的过程中发挥着重要的作用。天下兴亡，匹夫有责，比如，岳母刺字"精忠报国"极大地激发了岳飞的爱国情怀，全身心地投入反金的抗争中。再到近代的抗日战争期间，为挽救民族危机，中华儿女众志成城组成抗日民族统一战线，一致抗日。普通民众形成了天下兴亡，匹夫有责的民族气概，家国情怀对拯救民族危亡、稳定国家统治有重要的作用。

2. 现代中国人的家国情怀

随着时代的进步，人们对家国情怀的认识也在逐渐加深，家国情怀是个人对家和国的热爱，这份情感深深地埋藏在每个人的在心中，新时代家国情怀是连接"家""社""国"的情感纽带和独特的情感寄托。家庭是社会的细胞，家庭是"小家"、社区是"中家"、国家是"大家"，没有富强的国家就没有幸福的小家，没有和睦的小家，就没有安定的国家。① 在当今的历史环境下，家庭作为社会的最小单位，而国家是保护家庭最坚实的后盾。家庭和国家相辅相成，共同维护着社会的安定与和谐，从而增强中华民族的凝聚力。家庭是建设和谐社会、促进国家发展的重要支撑点。家庭和国家相辅相成，共同维护着社会的安定与和谐，从而增强中华民族的凝聚力。在当今社会，家国情怀的定义应该是家庭与国家协调发展，个人和团体认识到家庭与国家之间的相互联系和区别，既要认识到每个小家庭的发展对国家兴旺起着重要作用，又要认识到国家繁荣促进家庭昌盛。

3. 历史核心素养下的家国情怀

历史学科的主要内容为："探索历史真相，总结历史经验，认识历史规律，顺应历史发展形势。"② 所以历史学科在培养学生"家国情怀"核心

---

① 蔡扬波,徐承英.新时代大学生家国情怀教育探析[J].观察与思考,2020(01):23.
② 中华人民共和国教育部制定.普通高中历史课程标准(2017年版)[M].北京:人民教育出版社,2018:1.

素养方面具有先天性的优势。在五大历史学科核心素养中，家国情怀的核心素养是在历史知识、学习能力与方法、情感态度价值观的综合表现，它是历史学科课程目标中的最高级。

《普通高中历史课程标准（2017年版）》在"学科核心素养"一节中提出："家国情怀是学习和探究历史应具有的人文追求与社会责任。"[1]家国情怀素养主要分为以下六个层次水平。

（1）在树立正确的历史观基础上，从历史的角度上认识中国的国情，形成对祖国的认同感和正确的国家观。[2]学生通过对历史课程的学习，能够掌握历史唯物主义观念，认识并理解中国发展历史，能够体会到中国历史发展的艰难和曲折，能够理解中国由于特殊的国情所选择的社会制度，能够认同并热爱自己的国家，了解中国的社会地位，树立为中华崛起而读书的观念。

（2）能够认识中华民族多元一体的历史发展趋势，从而形成对中华民族的认同感和正确的民族观。[3]学生通过对历史课程的学习加深对祖国各个民族历史发展的了解并认识到每个民族都是中华民族的不可或缺的重要组成部分；认同中国是一个统一的多民族国家，每个民族之间应该相互融合，相互尊重彼此不同的生活观念和习惯。形成多元一体民族观，为中华民族而感到自豪。

（3）学生通过学习能够了解并认同中华优秀传统文化、革命文化、社会主义先进文化，认识中华文明的历史价值和现实意义。[4]学生通过对历史课程的学习，要了解中华优秀传统文化，可以通过学习儒家思想、中国的文字、戏曲艺术发展历程等，从而加深对传统文化的热爱之情；通过学习

---

[1] 中华人民共和国教育部制定. 普通高中历史课程标准（2017年版）[M]. 北京：人民教育出版社，2018：18.

[2] 中华人民共和国教育部制定. 普通高中历史课程标准（2017年版）[M]. 北京：人民教育出版社，2018：7.

[3] 中华人民共和国教育部制定. 普通高中历史课程标准（2017年版）[M]. 北京：人民教育出版社，2018：7.

[4] 中华人民共和国教育部制定. 普通高中历史课程标准（2017年版）[M]. 北京：人民教育出版社，2018：7.

中国近代史的发展历程，了解到中国的革命文化；通过学习中国现代史，了解到中国形成以马克思主义为指导的社会主义先进文化的发展历程；从而认同中华文明在世界历史文明中占有重要的地位，同时也是推动现代社会不断发展的重要力量。

（4）通过历史学习学生能够了解世界历史发展的多样性，理解和尊重世界各国、各民族的文化传统。[①]学生通过对历史课程的学习，了解世界文明历史发展的历程，从中国放眼到世界不仅开阔了学生的学习的视野而且也能够开阔我们胸怀，用整体史观的眼光来看待世界，并能够尊重和吸取世界各国民族、优秀文化。

（5）认同社会主义核心价值观，树立中国特色社会主义道路自信、理论自信、制度自信和文化自信。[②]学生通过对历史课程的学习，了解中国现代史的发展历程，认识到为什么走中国特色社会主义道路，教师在讲述这一要点时，要讲清楚走中国特色社会主义道路的必然性和正确性，高度认同中国特色社会主义制度，在日常的学习和生活中等实践中坚持社会主义核心价值观。

（6）学生能够确立积极进取的人生态度，塑造健全的人格，树立正确的世界观、人生观和价值观。[③]学生通过对历史的学习，了解到历史英雄事迹，学习他们在面临国家危难之际，他们身上所表现的英勇、责任和担当，帮助学生树立积极进取的人生态度，拥有健康的人格，做一个积极向上的祖国栋梁。

综上所述，可以概括为以下六个认同和六个观念。六个认同：认同中国、中华民族、中华文化、世界各民族及其文化、社会主义核心价值观；六个观念：世界观、人生观、价值观、国家观、民族观、优秀文化观。

---

① 中华人民共和国教育部制定. 普通高中历史课程标准（2017年版）[M]. 北京：人民教育出版社，2018：7.

② 中华人民共和国教育部制定. 普通高中历史课程标准（2017年版）[M]. 北京：人民教育出版社，2018：7.

③ 中华人民共和国教育部制定. 普通高中历史课程标准（2017年版）[M]. 北京：人民教育出版社，2018：7.

从"六认同"和"六观念"可以看出历史学科家国情怀核心素养大部分体现在三维目标中的情感态度与价值观之中，更是其升华，对学生有更高层次的要求。

历史家国情怀的教育就是要告诉高中生：家国情怀素养需要通过一系列的研读和探索，从中追寻历史学科中的人文价值和社会使命，将个人的命运与国家的前途联系在一起；学生个人要热爱自己的国家、民族、人民，将国家的繁荣昌盛作为自己人生的最高理想追求；学生要拥有情怀信仰，个人的发展与国家的发展都不可能一帆风顺，必定会充满坎坷，学生个人在遇到坎坷时，心系国家，坚定国家信仰，逆流而上。通过对历史上所发生过的人物和事件进行反思，得出经验和教训，用历史的眼光看问题，培养他们的社会责任感和使命感，在立足于小家的基础上，心系国家，从而为国家做出贡献，为中华民族感到骄傲和自豪。

（二）高中历史学习中培养家国情怀素养的作用

在历史学科五大素养中，家国情怀素养在历史核心素养体系的地位。家国情怀是诸素养中价值追求的最终目标。家国情怀素养是历史核心素养体系中的信念系统，决定着历史教学的方向和落脚点。因此在高中历史学习的过程中注重对学生家国情怀素养的培养有着重大的作用。

1. 注重家国情怀素养的培养有利于丰富历史学科的外延，提升历史学科人文属性与价值，促进我国历史教育和基础教育的发展

历史是一门"人学"，对于历史的研究或学习，离不开一定的道德评价与道德教育。[1]2017年版课程标准对历史学作了这样的阐释："历史学是在一定历史观指导下叙述和阐释人类历史进程及其规律的学科。"[2]历史学具有十分重要的社会功能，它能够帮助人们探讨历史真相，总结经验，进而能够进一步地去认识历史规律，从而顺应历史发展趋势，使人类能够实现长远的发展。此外历史学也是人类文化的重要组成部分，在促进人类文

---

[1] 陈志刚，郭艳红. 从历史学科特点析历史教学的本质[J]. 淮北煤炭师范学院院报（哲学社会科学版），2007（03）：134.
[2] 中华人民共和国教育部制定. 普通高中历史课程标准（2017年版）[M]. 北京：人民教育出版社，2018：4.

明共同遗产的传承、公民文化素质的提高等方面起着不可或缺的作用。在高中历史教学中通过对家国情怀素养的培养，有利于使学生形成良好的人文素养，把握人类发展的历史脉络，认识历史发展规律。因此，家国情怀素养的培养既是实现历史学科教育功能的重要途径，也是对历史学科的一种发展。通过家国情怀教育，学生能够对中国古代政治制度的演变及其影响、小农经济、儒家思想等许多历史知识点进行深刻的理解，提升学生的人文素养，有利于加深学生对个人、家庭、民族历史及国家发展的理解。在一定程度上能够促进历史教育的发展。

早在春秋战国时期，孔子在《论语·学而》中就曾指出"入则孝，出则悌，谨而信，泛爱众，而亲仁，行有余力，则以学文"。《大学》中也提到"自天子以至于庶人，壹是皆以修身为本其本。乱而末治者，否矣。其所厚者薄，而其所薄者厚，未之有也"。中国传统的教育观中也有"十年树木，百年树人""成才先成人"的育人理念，由此观之，从古至今教育的第一目标始终是育人。只有当科学与人文并重，才能解决社会发展带来的问题；育才和育人相结合，才能扭转教育的偏差，而家国情怀素养的培养有利于个人品行的不断完善，这既是对传统教育理念的继承与发展，也是实现我国现代教育发展的重要方法。

2. 注重家国情怀素养的培养有利于实现学生道德情感教育，完善个人的人格，拓宽学生视野，促进个体的全面发展

历史教育最为独特的本质就是：以评鉴反思为核心内容，历史作为过往的一种记录，本身就带有着承前启后的作用。在历史教育学中，要注意学生对有关概念的掌握，树立正确的方法论目标，坚定的理想信念。其中坚定的理想信念就是人类最基本的价值准则，即个人道德信念、人生观念的选择，而这主要就体现在对学生的道德教育中。德育是现代素质教育中非常重要的一个方面，而在学校的德育工作中历史教育又承担着重任。对于个人来说，历史课程中有着许多优秀的素材能够引导学生树立正确的理想和人生信念。比如通过对近代中国反抗外来侵略斗争的史实的学习，学生可以从中体会到中华民族坚忍不屈、团结一致的精神气节；通过对中华人民共和国成立以后，我国在艰难环境中曲折探索并取得了重大成就

的学习，学生可以从中认识到建设中国特色社会主义的必要性，从而树立为社会主义现代化服务的理想信念。中国传统文化中有很大一部分是在强调家庭和谐的重要性，尤其非常强调孝文化。如"家和万事兴""家门和顺，虽饔飧不继，亦有余欢"等观念。同时中国历史上岳飞精忠报国、戚继光抗倭斗争等一系列史实也强调了个人对国家的忠贞与责任。因此，通过历史教学中家国情怀素养的培养，学生能够从历史中体会先烈们优秀的道德品质，并从中获得坚定的人生信念，形成对家庭和国家的责任感、使命感。

同时，家国情怀素养不仅仅要求学生关注自己本身、自己的家庭、本民族本国家的发展，更要求学生能够把握人类社会发展规律和发展趋势，维护人类社会的基本正义，谴责破坏和颠覆人类基本价值准则的行为。因此对学生家国情怀素养的培育有利于拓宽学生视野，提升学生认知。

3. 注重家国情怀素养的培养能够促进民族长远发展，并有利于我国社会主义现代化建设

家国情怀教育的基础是我国优秀的传统文化。中华传统文化源远流长，是在中华民族发展的历史中形成的具有民族特色的文化和精神追求，也是中华民族的基因与符号。中华传统文化博大精深，既包括了政治理念，也包括了哲学思想；既有整体的价值信念，也有各具特色的地方文化；既可以表现在衣食住用行，也可以表现在文学艺术上。在高中历史学习中，通过家国情怀教育，学生可以对儒家文化等思想的精髓与现代价值有进一步理解，能够认识到中国语言、戏曲、书法等艺术的魅力。学生了解自己的民族和历史，形成具有民族认同感的家国情怀；传承中华民族优秀文化；形成对现实世界尊重、理解的襟怀，在一定程度上有利于实现历史学科的教育功能。促进本民族的长远发展。

《关于培育和践行社会主义核心价值观的意见》中，将"富强、民主、文明、和谐、自由、平等、公正、法制、爱国、敬业、诚信、友善"作为社会主义核心价值观的内容。这24字社会主义核心价值观彰显了社会主义的价值取向，是新时代对国家和公民在国家层面、社会层面和个人层面的具体要求。而家国情怀素养的内涵与社会主义核心价值观不谋而合，

因此注重对学生家国情怀素养的培养有利于实践社会主义核心价值观，从而为社会主义现代化建设奠定基础。

二、培育路径

（一）明确教学立意，激发学习兴趣

在中学历史教学中，很多历史事件因年代久远而脱离学生的日常生活，学生感到陌生，甚至缺乏学习兴趣。在这种情况下，可以通过精心确立教学立意来激发学生的学习兴趣、培养家国情怀。

关于教学立意内涵的界定，目前有三种代表性说法。其一，教学立意是教学内容蕴含的教学价值和教学主题。根据这种说法，一节课的教学立意并非唯一，教师可根据这节课的教学内容和学生学情特点确立教学立意，以更好地激发学生学习兴趣。学生也可以通过多元视角认识历史，提高历史思辨能力。其二，教学立意是聂幼犁教授所主张的"预设的通过这堂课的学习，学生获得的核心概念，即核心目标"。其三，教学立意即"课魂"。根据这种说法，教师在懂、透、化一节课的教学内容后，结合课程标准，确立本节课的中心或灵魂，明确它就是学生通过这节课所学的核心内容。可见，教学立意的内涵是多维度、多层面的。在中学历史教学中，历史教师可以通过精心确立某课的教学立意来达成这节课的家国情怀培养目标。

如何通过精心确立教学立意达到培养学生家国情怀的目的？笔者认为，历史教师在对待不同历史时期的历史教学时，应该有不同的教学立意。在中国古代史的教学中，我们的历史学习课程内容包括很多反映中国古代文明的成就，特别是古代中国社会的技术与科学文化成就引领着世界文明的进步，推动了世界的发展与进步，我们教学这些课程内容的立意是什么？是让学生站在祖先的历史成就上欣慰，感叹我们的历史成就，让学生躺在前人功劳薄上睡大觉？还是引导学生分析我国古代文明成就的要素，特别是挖掘先民的探究意识和开拓意识，激发学生的责任感，并将历史责任感转化为学习的动力与情感。看起来，前者是在培养学生的民族自豪感、民族认同感、民族自信力，但是难以形成历史教育的真正教育意

义，而后者则是基于历史责任的角度来思考民族自豪感、民族认同感、民族自信力，显然培养出的历史素养才是理性的、历史的。

同样，中国近代史是中国的一部屈辱史。在教学的定位中，若把它的重点放在引导学生看中华民族的苦难，其实就变成了诉苦大会，失去了历史的教育意义。我们品味苦难的角度，应该是站在历史的视野看中国近代苦难多灾的成因，我国近代仁人志士追寻民族独立、民族选择、民族发展的道路。从某种程度而言，近代史的道路问题特别重要，就是因为仁人志士他们的历史责任感、探索精神，才赢得了我们今天的幸福生活。

在中国现代史中，新中国的社会主义道路探索在曲折中前进，我们取得了社会主义建设的巨大成就，特别是改革开放以来的物质文明建设、精神文明建设、生态文明建设、政治文明建设的大发展，但是我们也有许多难以回首的历史教训。现代史的教学定位和立意不应只是局限于感知这些历史知识，应该站在历史道路探索的角度发现，只有在中国共产党的领导下，我们的探索精神与民族复兴梦的日渐实现，这才是历史课程的核心意义。

历史课程学习的意义与时代价值就在于熏陶学生的历史感，培养学生的历史观，提升学生的世界观、人生观、价值观，让社会主义的核心价值观和以爱国主义为核心的民族精神在学生的内心世界得到培育，确保我们的人才方向，实现人文意义，实现家国情怀的培养。因此，教师需要在教学立意上多下功夫。

（二）擅于讲授，采用多样化的教学模式方法

传统教学方法是什么？情境教学法、自主学习法、合作探究法是不是传统教学方法？传统教学方法具有什么价值与意义，是不是传统教学方法都该被取代呢？在教学改革的新思潮中，自主合作探究学习成为一个时髦的流行语，似乎再提传统的教学方法就是没有跟进教学改革的浪潮，似乎就是没有真正服务教育。从基本的教育规律而言，教与学的基本方法有发现式、接受式两大类，在之下可以衍生变数。无论社会如何变化，人类都应传承人类教育思想精华，充分尊重与发挥教师、学生的教学主体性，根据学科课程知识的特点，去研究并发现不同的教学方法。

从教师的教学方法而言，最基本、最直接、最经济的教学方法是讲授法，但是在课程改革的浪潮下，讲授法却被视为课程改革的阻力，这是对人类传承的基本教学经验的否定，不一定就是教育的进步。由于历史知识所反映的是过去人类的文化活动，它具有不可再生性、不可直接观察性，它以间接学习为主，需要以听、看、思等多"通道"来学习历史。而听教师讲授历史，可使文本的历史、教师的历史与学生理解的历史相碰撞，形成学生的历史思维。另外，讲授法是教师教授历史的基本方法，如何讲授历史是历史教学的基本功。教师讲述的内容应该是丰满、具体的，教师的讲授与分析应该是形象、深刻的，教师的教学语言应该是简洁、明了的，这样的讲述就能够适应学生的兴趣、情趣，能够使学生得到启发，就会实现学生与教师在课堂的互动，使学生的历史思维得到发展。教师善于讲授，有利于引导学生在学习历史知识的同时，乐于在教师的引导下探究思考历史问题、反思社会现实，培育理性思维、公民意识、家国情怀。因此，历史教师在教学时要通过善于讲授，引入家国情怀。

历史课堂的传统方法是讲述法，教师在讲述时一定要注意讲述顺序与目标，并且语言要具有感染力。例如在讲述辛亥革命时，就可以以林觉民的《与妻书》为切入点，对林觉民的生平以及书信内容进行解读，讲述林觉民义无反顾地参加革命的相关事迹，同时可以配有相关的音乐，渲染课堂气氛，带入情感，达到培养家国情怀的目的。图表法也是历史课程比较常见的教学方法。相比于文字和语言，图片更加直观地反映历史场景，表格更直观地展示历史数据，这对复杂的历史事件与人物关系具有良好的效果。当然，在运用历史图片的时候，应该更深次地解读图片内容。比如，在讲述唐朝民族关系时，可以展示阎立本的《步辇图》。《步辇图》反映的是唐太宗接见吐蕃使者的场景，可以提问学生这幅图中和平时帝王出行有什么明显不同？观察力较强的学生就能够发现唐太宗的步辇是由宫女来抬的，再结合当时唐太宗身上的穿的不是接见使者的礼服，可以都看出这实际上反映了唐太宗对于接见吐蕃使者急切的心态，进而能够感受到唐太宗对于民族问题的重视。通过对图片的深度解析有利于拓展学生思维，有利于深化情感目标。

想要在课堂上深化家国情怀素养，还应该创设教学情境。如果在教学中采用讲大道理式的呆板教法或者教师的"一言堂"，就会显得枯燥无味，教学效果也将大打折扣。因此，必须根据课程的特点、现有的教学资源创造多样化教学情境，对学生进行潜移默化的家国情怀教育。当然除了传统的课堂教学模式以外，有条件的地方，师生还可以走出课堂、走出学校，到一些历史文化遗址、历史博物馆等培养家国情怀素养。

（三）联系生活，内化家国情怀

联系社会与生活是高中历史课程教学的需要。有学者认为，高中历史课程的任务"首要的也是关键性的问题，是如何变历史学科知识体系为历史学习知识体系，即把史学的研究成果（历史学科知识）转变为适应历史教学，尤其是适合高中生学习的课程知识，使课程内容与社会进步、学生经验有机联系起来，为他们的自主学习和主动学习提供良好的课程环境，充分发挥课程的发展性功能"[1]。"高中历史新课程尽可能地避免了专业化、成人化的倾向，内容的选择更加体现时代性，注重贴近学生的生活和社会，有助于学生的终生学习。"[2]

《普通高中历史课程标准（2017年版）》规定："在内容选择上应坚持基础性，应密切与现实生活和社会发展的联系，关注学生生活，关注学生全面发展。"[3]这句话指出了高中历史课程学习的一个基本概念：关注学生生活，这些是高中历史教学首先应该考虑的问题，当然也是教学设计首先应该考虑的问题，而这两个基本任务必须紧密联系社会生活：一方面，发挥历史学习对学生成长的功能，在社会和生活中检验历史教学的成果；另一方面，树立大历史观，联系社会和生活，从中挖掘历史学习资源。

---

[1] 姬秉新, 李稚勇、赵亚夫. 理解与实践高中历史新课程——与高中历史教师的对话[M]. 北京：高等教育出版社, 2005: 2.

[2] 姬秉新, 李稚勇、赵亚夫. 理解与实践高中历史新课程——与高中历史教师的对话[M]. 北京：高等教育出版社, 2005: 32.

[3] 中华人民共和国教育部制定. 普通高中历史课程标准（2017年版）[M]. 北京：人民教育出版社, 2018: 1.

（四）利用地域文化，丰富课外实践活动

培养学生的家国情怀不应该仅仅局限于高中历史课堂，历史老师可以组织跟历史学科相关的实践活动。历史课外活动是历史教学的第二课堂，它能弥补历史教学中的不足，丰富了学生的学习生活，提高学生的学习兴趣，从而提高学生学习兴趣，培养学生勇于探索的精神，不仅提高学校的教学质量，传统的历史课外活动有阅读历史课外读物、观看历史影片、编辑历史墙报、举报历史报告会、历史知识竞赛等，还可举办大型活动，如参观历史博物馆、举办历史专题展览、考古、历史调查等等方式。[1]由于高中生跟初中生的年龄具有差异性，思维方式也有所不同。为了更好培养高中生的家国情怀，笔者认为主要从以下方式进行来培养学生的家国情怀。

1. 积极发掘优秀地域文化资源

通过文化传承来以文化人、以文育人，既要有内容，还要有载体，要有文化活动，还要有文化产品。因此，以地域文化为依托加强高中历史家国情怀素养培育，需要对地域文化资源进行积极发掘，为高中历史教学提供丰富多彩的地域文化内容、地域文化载体等。

（1）重视对地域俗语文化的发掘

所谓俗语，是指"通俗并广泛流行的定型的语句，简练而形象化，大多数是劳动人民创造出来的，反映人民的生活经验和愿望"[2]。由此可以看出，俗语具有浓厚的地域特色，通常反映了当地的语言特色、生活经验、风俗习惯和价值追求等。作为一种文化现象，形成于人民生活实践中的俗语包含了许多优秀的价值观念，其中有许多反映了爱好和平、勤劳勇敢、自强不息等中华民族精神。同时，俗语能够以其鲜明的群众性、口语性和通俗性在群众中间口耳相传，具有很强的传承力和生命力。因此，发掘地域俗语文化资源，能够为高中历史教学提供一个既富有深刻内涵又趣味十足并为广大学生所熟知的内容载体。

---

[1] 梁燕. 中学历史课外活动谈[M]. 兰州：甘肃教育出版社，2004：13.
[2] 中国社会科学院语方研究所词典编辑室编. 现代汉语词典（第7版）[M]. 北京：商务印书馆，2018：1247.

（2）重视对地域人物典故的发掘

典型教育法是我们党传统的思想政治教育方法之一，也是当下高中德育教师经常使用的主要方法之一，它指的是"通过典型的人或事进行示范，教育人们提高思想认识的一种方法。"[①]榜样的力量是无穷的，通过先进典型的示范，可以激发学生的情感体验和情感认同。但是在以往的典型教育中，榜样人物往往过于单一，例如我国榜样教育中常常使用的雷锋、张海迪、洪战辉，因其与学生生活实际差距较大，人物所体现出来的价值取向和崇高的思想境界往往很难为学生所直观感受，这也是当前典型教育亟待注意的问题之一。通过发掘地域人物典故，可以有效弥补榜样教育与学生生活实际差距较大的缺陷，通过"身边人讲身边事，身边事教身边人"，让学生在身边人物典故的感召下，焕发积极向上的精神动力，提升道德修养和家国情怀素养。

（3）重视对地域传统技艺的发掘

中华优秀传统文化不仅蕴含在丰富的地域文化中，同时也通过形态各异的地域传统技艺体现出来。这些技艺为当地的气候、资源等环境所孕育，通过具体的实践形式和艺术形态反映当地独特的文化内涵。在大力继承和弘扬中华民族优秀传统文化的时代背景下，中华传统技艺的发掘和传承同样不容忽视。例如，潮汕地区的金漆木雕是木雕艺术的一种形式，自明代开始逐渐形成定势，表现内容多为极富传统伦理道德价值观念的正统史实及一些民间故事，体现了当地群体对中华民族优秀传统美德的推崇即追求。通过向学生讲述该技艺的历史传承和技术发展，展示该技艺的具体实践，发掘其精神底蕴和时代内涵，有助于让学生在地域传统技艺的实践中把握其深刻的价值理念。

2. 自觉运用独特地域文化符号

"符号人类学家认为，一个社会的文化体系是由一个社会的象征符号，如语言及其结构，事物及人物的称谓，事物或社会关系的表述形式，神话或社会文化中的象征性标志、宗教意识等等表现出来的。"[②]对于不同

---

① 郑永廷主编.思想政治教育方法论[M].北京：高等教育出版社，2010：152.

② 陈华文.文化学概论[M].上海：上海文艺出版社，2001：135.

地域群体来说，他们用来表征社会关系、价值观念的文化符号往往不尽相同，这些文化符号构成个体进一步建构知识系统、价值系统的基础。从学生已有的文化符号出发，引导学生认识那些与生活密切相关的文化符号，有助于超越符号本身的限制，反过来深化学生的道德认识和家国情感。

（1）注重对地域文化符号的认知教育

既然文化是人类借助符号来表达、记忆和创造意义的高级活动，那么文化与符号就构成一种密不可分的紧密联系。一定的文化通过一定的符号系统建构和表达出来，而文化的其他一切功能都是从这些基本的符号功能中派生出来的。因此，要认知和体验文化，最基本的方式就是要认识表达文化所运用的文化符号。在不同地域，所运用的文化符号如语言文化符号、体势符号、实物符号、艺术符号等往往是不尽相同的，这为不同地域的高中历史教学提供了形式多样、内涵丰富的教育资源。在我国北方地区，传统手工艺品——布老虎作为一个特殊的实物符号在民众的日常生活中具有重要的地位，但在市场运作下，机器化的大批量复制生产所使其具有的文化符号意义日渐式微。[1]因此，在教学过程中，教师要有意识地运用该地域文化符号，促进高中学生增加对该地域文化符号的感知和认识，使其精神力量得以发挥，文化基因得以传承。为此，一方面要积极关注并善于运用地域热点事件，以贴近学生生活实际的事件为桥梁，减少学生发言互动的认知障碍和心理障碍，提高学生与教育者交流的积极性；另一方面要适时将地域语言即地方方言、俗语、典故等融入课堂教学中，在阐明理论观点时适当加入地域语言，能使理论观点变得更加生动形象、通俗易懂，同时还有助于活跃课堂气氛，消除教师的话语霸权，拉近教师与学生的距离。

（2）注重对地域文化符号的精神认同

文化符号是一个复杂的系统结构，符号系统对意义的表达，是一个由简单到复杂的过程，一个简单的符号可以表达一个明确的意思，而一个复杂的符号系统所包含的意思则要复杂得多。这不仅需要从各方面对文化符

---

[1] 马知遥. 非物质文化遗产保护的田野思考——中国北方民间布老虎现状反思[J]. 民俗研究, 2012（04）: 23-29.

号进行全面的认识，还需要通过有意识的建构，让学生从宏观的层面上对不同层次的文化符号有一个系统的把握。在教学过程中，教师不仅要让学生对不同的文化符号有一个清晰的认识，还要引导受学生认识文化符号与文化符号之间、文化符号与文化符号系统之间、不同文化符号系统之间的联系和差异，完善学生对地域文化符号系统的认识，提高学生对地域文化的精神认同。例如"福安民间船舶修造传统技艺进课堂"活动，从基本的造船知识出发，到图纸设计、零部件打磨、船模制作，最后落脚到福安船舶业的历史，通过一系列文化符号的递进、串联，既使学生感受到传统技艺的魅力，也使学生了解到当地的辉煌历史，从当地先人的智慧和拼搏中受到精神感化。

（3）注重对地域文化符号的思想升华

在加强学生对文化符号的认识并通过有意识的建构之后，可以借助内在引导或外在指引的方式，升华对已有文化符号的认识，促进新知识的产生。一是借助内在引导的方法，引导个体对已有文化符号进行系统整合和深入思考，借此养成个体的文化自觉，使个体在内心深处认同和信奉地域文化；二是借助外在指引的方式，教育者结合高中德育的实际需要，通过对地域文化符号的阐述、建构，增强历史知识的感染力，使得学生在无形之中受到潜移默化的影响，提升学生的家国情怀素养。为此，老师一方面要主动发掘学生在价值选择与行为取向上所体现出来的与地域文化的密切联系，引导学生对该联系进行思考，发掘其中的教育价值；另一方面要注重榜样示范，通过"身边人讲身边事，身边人讲自己事，身边事教身边人"的具体示范，实现地域文化与历史核心素养知识的具体结合，用地域文化符号建构和呈现历史知识，实现地域文化符号的思想升华。

3. 丰富课外实践活动

（1）课外阅读

利用课余时间指导学生阅读有关历史书籍，从书本中感知家国情怀，同时也提高了学生家国情怀核心素养。历史是一门人文学科，充分利用相关资料可以给历史教学带来较好的辅助作用，由于高中生系统的思维已经形成，可选择一些专业经典的著作、具有学术性的历史文献资料等，还可以选择一些历史期刊、通俗的历史读物、小说或者有关考古、旅游、历史文学等方面读物。通过这些课外阅读不仅丰富了学生的人文、地理、社会等知识，开阔了学生的视野能够帮助他们更好地理解和掌握历史教材中的内容，也可以帮助学生们了解世界各国的文化，尊重文化的多样性，学生也能更直观地感受到历史中的奇妙之处，对历史了解得越多，兴趣也就越多，从而提高学生家国情怀的核心素养的能力。与此同时，教师需要在学生阅读书籍中进行系统的指导，引导学生养成良好的读书习惯，提高读书效率。为此，教师要在班里建立读书角，帮助学生形成良好的阅读习惯。

（2）参观和访问

参观主要是指参观一些跟历史有关的地方，比如历史博物馆、纪念馆、公园、名胜古迹等等。能够让学生近距离地感受当时历史发生的情景，能够让学生深刻体会。比如在讲到"抗日战争"这一课时，可以带领学生们参观南京大屠杀纪念馆，身临其境中感受当时中国人民由害怕到希望到失望再到绝望的感受，能够珍惜我们现在来之不易的生活，拥有历史的责任感和使命感的家国情怀。出于安全和经费考虑，参观的次数为一学期一次较好。访问主要是指访问一些名人。比如访问革命的老前辈、历史学家、历史人物后代等等。访问前要做好准备工作，这样才会产生事半功倍的效果。比如在讲到"解放战争"这一课时，为了解国民党和共产党之间的几次战役的具体情况，教师可组织学生们访问当年参加革命的前辈们，感恩现在的来之不易，形成对祖国的认同感，增强学生的自信心和爱国情怀。

（3）举办历史知识竞赛

高中生出于青少年时期，好胜心较强、积极性较高的特点。历史教师可以在班里举行有关历史家国情怀的知识竞赛，但是注意要摆脱课堂考试模式，在轻松愉悦的环境中度过。竞赛的题目应基于教材但又同时是教材的升华，不能只是简单的问答式题目或者是一味地选择题目，要富有变化性，适当时可以采用影视片段，烘托家国情怀的氛围。

4. 观看历史影片

观看主要是指历史教师组织学生观看与历史有关的影视作品和纪录片

等。利用影视作品来吸引学生的兴趣，营造情感氛围，陶冶学生情操，体验家国情怀。中国近代史在培养家国情怀方面，具有独特的优势。例如，在讲解"辛亥革命"这一课时，播放黄花岗起义等影视资料。不过教师也要注意播放的时间不要过长，画面健康、积极向上，防止产生不良的教学效果。

课外活动形式丰富多彩，具体采用何种方式，教师可以根据本校和学生的实际情况来加以考虑。

（五）依靠形成性评价对学生家国情怀素养进行培育

1. 依靠学习评价，提高学习成绩

形成性评价是指在教学实践的过程中，对学生进行的学习评价，让学生知晓需要继续改进的问题是什么，让学生及时得到有用的反馈信息，调整之后的学习策略与学习行为，提高学习成绩。[①]形成性评价要求学生能够在教学过程中明确学习任务，制定学习目标，确定学习策略；同时教师也要在教学过程中及时对学生进行评价，并向学生提供高质量反馈信息，以便帮助学生制定学习目标，使学生不断向目标靠近。形成性评价主要有三个过程：即确定学习目标、通过反馈确定当前表现和目标之间的差距以及通过行动来缩小差距。形成性评价是一个长期的持续的过程，是一个周期性的循环。通过形成性评价，学生能够及时得到反馈，从反馈中获得的信息使得他们能够在学习过程中不断认识到自己的学习进展如何，对自己的学习行为进行监控和规范，进而提升学习效果。

一般来说，形成性评价更多地被用在具体知识点的学习中，但是形成性评价也能够作用于家国情怀素养目标的培养。当然和具体知识点的学习不一样的地方在于，通过形成性评价来培养家国情怀素养更多的是要依靠学生自己的内省与教师对学生平常行为方式的观察，是一个需要长期持续循环的过程。比如，在讲述与抗日战争相关的内容时，可以先将家国情怀培养目标告知学生，接着通过设计一些相关的活动，让学生能够参与其中，通过学生的自省以及教师对学生平时生活中一些举动的观察中得到反馈信息，并且从这些反馈信息中，不仅学生、包括教师都能够看到实际成

---

① 刘仁坤，杨亭亭，王丽娜. 论现代远程教育多元化的学习评价方式[J]. 中国电化教育，2012（04）：52–57.

果与目标之间的差距,进而不断地调整学习策略和教学方法。因此形成性评价能够促进学生家国情怀素养的培养及内化。

2. 家国情怀素养在高中历史教学中的评价建议

教学评价是衡量教学效果和学习结果的一种方式和手段,在提高教学有效性上起着举足轻重的作用。有效的评价会加深学生对知识的理解、对学习方法的改进,检验教育的目标是否落到实处。

(1)注重以表现性评价来考查家国情怀素养

表现性评价,就是指通过完成一些实际任务、诱导学生在面对问题时的真实表现、从而评价学生多方面处理问题的能力与水平。表现性评价"强调被评价者的主体性、关注评价的过程、重视评价任务的真实性以及着眼发展特点……表现性评价把调整和促进教学作为评价的最终目的;把学生的实际操作和表达、表现作为评价的内容;把贴近真实、活动中的教育情境作为评价的现实场域……把不设限地对学生实际操作和表现进行的观察和分析作为主要方式。"[①]和传统的试题评价方式不同,表现性评价是对学生进行动态的评价,更多的是评价学生表现与实际操作能力,因此,表现性评价的主要形式包括书面报告、论文、演讲、资料收集、情景模拟、作品展示等。因此,教师在培养学生家国情怀素养的时候可以通过设计相关的活动,引导学生运用已有的知识与方法去挑战新的任务,在完成任务的过程中实现情感的内化和外显。例如,讲述"改革开放的影响"的时候,教师可以布置一次采访调查任务,让学生对家族成员或者社区街道采访调查改革开放以来亲身经历的变化,可以根据搜集相关的口述史料整理成文献报告,也可以录制采访视频,最后向全班或者全校展示,并从中选出优秀作品。通过在相关的情景任务、课外活动中学生的表现来评价考查学生的家国情怀素养。

当然,在进行表现性评价的同时还应该注意评价主体的多元化。历史教学评价并非只是教师一个人的任务,传统的评价主体是教师,而家国情怀素养更多的是个人人格的完善与情感的丰富,因此首先要重视在活动过

---

① 霍力岩,黄爽. 表现性评价内涵及其相关概念辨析[J]. 西北师范大学报(社会科学版),2015(03): 77.

程中学生的自我评价。"自我评价的过程实际上就是一个认识自己、接受自己的过程。"[①]学生能够通过自我评价更准确地认识自我，有利于将教学目标内化。因此，教师要在尊重学生的个体差异和人格独立的前提下，切实关注学生在家国情怀素养培育中的自我成长过程。主动与学生互动和沟通，注重个体的自我反馈，提高家国情怀教育的有效性。

（2）用终结性评价来考查家国情怀

终结性评价是教师依据教学目标和课程标准对学生的学习效果进行的评价。和表现性评价不同，终结性评价更侧重对学生的学习质量和进步程度进行评价。最常见的评价方式是通过试题来进行评价，因此想要培养学生的家国情怀素养，首先要精研试题，从多角度多题型来考查学生的家国情怀素养。考试，尤其是高考，一直都是教师教学、学生学习的"指挥棒"。作为育人性很强的历史学科来说，历史教育不能仅仅止步于考试，更要立足于学生、民族与国家的长远发展。通过考试落实立德树人的要求，实际上就是要通过考试内容的改革，引导学生树立正确的世界观、人生观、价值观，正确认识世界和中国发展大势。因此精研试题不仅能够作为评价家国情怀素养的依据，还能够为家国情怀教育指明方向。随着课程改革的深化，高考试题也在探索如何通过试题方式考查学生的家国情怀素养。

---

① 孙倩. 中学历史教学中家国情怀教育有效性的研究——以《抗日战争》教学设计为例[D]. 南京：南京师范大学，2018：26.

附录一　清远市地域文化

一、地理位置及历史资源

（一）地理位置

清远市地处广东省中部，北江中下游，是广东省的中心地区，也是岭南重要的城市之一。它北接韶关，东南方接壤广州，南与佛山毗邻，西部是肇庆，是珠三角地区与广东省北部沟通的桥梁。自古以来就是连接岭南和湘赣等内陆地带的重要通道，独特的地理位置及历史变革，使清远文化融合了中原文化和岭南文化的特色，独具一格。独特的自然环境与文化，让它有了"中国龙舟之乡""中国漂流之乡"等美誉。

清远市面积宽广，地大物博，是全省面积最大的地级市。全市范围内地势西北高东南低，土地类型大部分是平原、阶地、台地、丘陵和山地。市境内气候属亚热带季风气候区，适宜的气候为清远的自然资源和社会资源提供了有利的自然条件。清远人文历史悠久，曾是古三苗、阳禹等部落的发源地，是古代南人、苗瑶、峒僚等百越民族祖居地，主要坐落于西汉的中宿县境。数量众多的奇山峻岭、岩洞、河流交织的奇特景观、丘陵等都是形成清远市文化特色的自然宝藏。清远市各县在建市以来不乏政治、经济和文化交流，合作团结共同促进了清远的全面发展。[①]

清远市地广人多，以广府汉族、瑶族、壮族为主，有粤语方言、客家方言、瑶语和壮族语四大语言，形成了多种语言、多民族文化百花齐放的格局。世代居住在北江水系的壮族、瑶族、汉族形成多民族共存格局，自

---

① 陈先钦.岭南文化视野下的清远地域文化的内涵及特征初探[J].清远职业技术学院学报，2010（03）：5.

然而然地形成了汉族文化和少数民族文化"强强对峙"的局面,共同发展是本地文化的重要特色。传统的清远地域文化、民族文化、风俗习惯、宗教信仰、历史文化景观、人民大众娱乐文化和外来文化汇聚在一起形成清远市独具一格的壮丽风光,将本土文化顽强的生命力表现得淋漓尽致。

(二)历史资源

清远市地域拥有久远的历史,随着历史长河的积累,留下了极其丰厚的历史资源与文化,为清远这座城市赋予了深厚的内涵与魅力。丰富的历史文化反映了城市的发展历程,是城市精神的表现。清远市有很多的历史名人,独特的风俗民情,深厚的传统知识,悠久的历史文化,使清远市成为岭南文化、珠江流域文化、北江文化的典型。这些丰富的历史文化资源,流传已久,极其珍贵,不仅表现在它本身宝贵的历史价值,更表现在它们对陶冶清远人们的高尚情操,提高清远人们综合素质有着重要的作用。

考古发现,早期智人在12万年前就在清远一带活动,是清远已经发现的最早历史。英德牛栏洞遗址发现的水稻硅质体,大约在1.2万至8千年前中石器时代遗留下来,是岭南地区现已发现年代最久远的水稻种植区域。大概4500年前,清远土著进入了父系氏族社会,一直延续到2200年前,父系氏族解体开始进入奴隶社会。秦代和汉代,很多中原人士向南迁徙,带来了较多的先进知识,极大地刺激了清远发展。唐宋之后,苏轼、文天祥、海瑞、汤显祖等名人墨客途经此地,留下了大量的传世力作,为清远文化增添了无限魅力,对当地文化事业的发展起到了极大的促进作用,使清远地区迅速形成了人才辈出的局面。

据《清远历史人物》记载,清远自两汉时期至新中国成立影响力较大的名人共352人,此外,有在当地留下较大影响的外来人物66人。杰出的历史人物有善诗赋的清远道士,唐人颜真卿、李德裕曾赋诗继之、和之,是第一位有作品存世的古代清远籍诗人;安史之乱时期效力于郭子仪帐下、神勇无敌的千牛卫上将军,后被封宁国伯的何昌期;唐代时期韩愈、刘禹锡、刘瞻曾在当地任职,体恤民情,并以诗书礼仪教化民众,移风易俗,并留下多篇诗文;民国时期的共产党员叶文龙、刘清、周其鉴、赖松柏、宋华、李业、刘光峪等人为清远地区的革命事业作出巨大的贡献，并献出了自己宝贵的生命。清远的历史长河中，还有许许多多的优秀人物，他们都为清远的文化添上了浓墨重彩的一笔，为清远人民留下了宝贵的精神财富。

清远市对历史文化遗产的开发与保护也极其的重视，2013年，市政府邀请大批的考古专家、文化保护专家对清远市历史文化遗产进行了大规模考察，着重调查了本市范围内的古代官道、关隘、遗迹等物质文化遗产，继续挖掘宝贵的历史文化资源，这是本市近十年来第二次大规模的历史文化资源调查。清远市现有物质文化遗产几十处，既有国家级，也有省级的和市级的，如慧光塔、牛栏洞遗址、史老墩遗址、巾峰山摩崖石刻、观音岩摩崖石刻、冯达飞故居、陈可钰故居、贤令山摩崖石刻、南山摩崖石刻、蓬莱寺塔、碧落洞摩崖石刻、大云洞摩崖石刻、南岗古排、东坑黄氏宗祠、功垂捍御牌坊、藏霞古洞、峡山石刻、惠爱医院旧址、飞霞洞、七星岗塔等。其历史文化悠久，可追溯到旧石器时代，可见清远素来就是人类活动的重要区域，尤其是在唐宋元明清的盛世时期，更是大肆建塔、宗祠，在这里也有不少的自然资源开发与利用，形成了独具特色的物质文化遗产，如众多的石刻，都是对当时文化的一种阐述，也是先人给后世留下的文化瑰宝，更有极具纪念意义、歌功颂德的宗祠和医院旧址，都是对当时人们美德的一种歌颂和赞扬。这些珍贵的物质文化遗产，足以令清远人们自豪与骄傲，对这些瑰宝的保护，也让古代文化与美德得以继续传承下去。

清远市除拥有珍贵的物质文化遗产外，还拥有大量的非物质文化遗产资源。截止到2014年6月，清远市共有非物质文化遗产205项，其中国家级非物质文化遗产4项，省级非物质文化遗产13项，市级非物质文化遗产36项，县级非物质文化遗产152项，涉及的项目有民间舞蹈、传统手工技艺、风俗文化、民间文学、传统体育、游艺与杂技等。清远市有非物质文化遗产传承人192人，其中国际级非物质文化遗产传承人1人，省级非物质文化遗产传承人9人，市级非物质文化遗产传承人58人，另有县级非物质文化遗产继承人124人。先人的智慧留下的文化，是清远市拥有的珍贵宝藏，这些文化遗产为清远人们带来了璀璨的文化。

二、人文环境及文化符号

　　岁月长河中先人的智慧不断被继承下来，结合当地的自然景观与人文特色，源远流长地形成了富有特色的人文环境，由内而外的陶冶当地人民的道德情操与坚定了他们的人生信仰。人文环境是指人类社会的各种文化现象，是人类在改造自然和社会中物质文明和精神文明总和。[①]人文环境是在长期的积累过程中逐渐形成，并于当地人的信仰、风格、伦理道德、生活心态等息息相关，是人与自然综合影响下的结果。人文环境是地区发展的精神动力，独特的地区精神和凝聚力，对吸引资金和人才有很大的积极推动作用，在现代社会中，人文环境对市场经济的发展起的作用越来越突出。

　　思想观念是指人对客观世界具体事物及其关系的认识和观念形态，是对客观事物的一种理性感知。思想观念带有明显的民族性、区域性特征，不同的民族和区域思想观念并不完全一样，思想观念还易受教育等外在事物影响。一般来说，历史越久远的民族，受传统文化的影响，思想观念越保守。清远市就是这种典型，悠久的历史文化沉淀导致当地人们保守的思想观念。但是特殊的人文氛围也练就了当地人民勇于面对事实、实事求是、坚忍不拔的品格。受到开放的市场经济氛围潜移默化的影响，培养了清远人们随机应变的能力，培植了人们不甘人后、追求财富的强烈欲望。

　　清远市的风俗习惯流传已久：风趣的壮家婚俗，以歌传情是他们表达感情的方式；壮族的节日，大多用以纪念他们自己的崇拜物，虽然他们也有和汉族一样的欢庆日，但欢庆的方式却比较特殊，如春节，与汉族人不一样的是，壮族喜爱用唱歌的方式来庆祝，并且是男性和女性分组坐在歌堂。瑶族的婚姻里，同姓一般不通婚，隔山对唱或在节日对歌是他们表达爱意的常用方式，最盛行的是晚上男方到女方窗前对歌。清远市的民俗文化蕴含了丰富的历史文化，是各族人民的智慧结晶和生活态度的表现，热情好客是他们的交友特点。

[①] 杨开刚.城市人文环境比较研究——以河北省11地市为例[D].石家庄：河北经贸大学，2014.

清远民间信仰极其丰富，各式各样的信仰与清远文化的历史息息相关，这些信仰大都是以民间传说为基础，经过长期的发展，民众对神话传说中的人物形成了感情依赖而自发组织的神灵崇拜行为，并形成了相应的祭祀方式与制度。最初的民间信仰是毫无商业化动机，未经修饰发自民众内心的乡土文化，经过悠长岁月的沉淀，有极其深厚的民众基础，是传统文化的重要组成部分。被崇拜、信仰的神话人物，往往具备保平安、消灾弥的能力，是人们对美好生活向往及生命追求的真实反映。作为"中国龙舟之乡"的清远人民崇拜龙，赛龙舟民俗以龙图腾崇拜为根基，以团结奋进、爱国爱乡为旗帜，意在风调雨顺，国泰民安；对"凤"的崇拜，体现了清远人民对扬善、公正、无私精神的赞扬；对"禾花仙子"的崇拜是为了庆祝丰收，表达感恩之情的方式；对观音的崇拜则表现了清远人民对平安的美好愿望；对妈祖、龙王、北帝等的崇拜反映了清远文化浓郁的水色与古朴多源的个性；对关公、岳飞的崇拜，则表现了清远人民崇尚高尚美德，弘扬凛然正气；"盘王节"是瑶族最主要的节日，是为了纪念盘瓠而产生，歌颂盘王英勇杀敌、繁衍子孙的丰功伟绩。清远还拥有深厚的宗祠文化，希望能够帮助找到他们的氏族，并敦促后裔相互合作，团结互助，共同发展，提高民族凝聚力的积极作用。

三、文化机构与队伍

文化机构是专门从事文化工作，具有法人资格与独立核算的企事业单位，以及附属于事业单位的经营性专业文化的活动单位，包括从事艺术、图书馆、档案馆、群众文化、文物保护、艺术教育、新闻出版等机构，以及其他文化机构。文化机构是致力于文化的发展而存在，为文化事业的重要组成部分，也是城市文化建设的重要内容，是为社会发展提供服务，为公众提供知识、教育和欣赏的文化，是文化传播发展必不可少的部门。文化机构的设立可以提高市民的文化素养，培养人们的思想观念、道德情操，拓宽市民的文化视野，提供对人们身心健康有益的文化娱乐，展示更多的文化瑰宝在人们面前以及净化文化市场、让民众的生活更加精彩充实等，对科技知识普及，抵制、清除腐朽文化的侵蚀，文化信息公开与传播、协调各文化部门为文化事业共同奋斗起到关键的作用。

根据机构的运作方式及体制的不同，文化机构可以分为事业型文化机构、企业型机构。事业型文化机构是根据我国社会政治、经济、文化事业的需求而设立的，由国家直接进行投资，向社会群众提供服务的文化部门。主要由公共文化事业机构和普通教育机构、科技馆等构成。公共文化事业机构有图书馆、博物馆、美术馆、文化馆以及艺术社团等；还有普通高校，基础教育学校，幼儿园等其他普通教育机构。企业型文化机构区别于其他文化机构，具有法人资格，经济单独核算，自助经营，主要由文艺演出、文化娱乐、旅游业以及职业教育和培训机构等。虽然各机构的运作方式及体制不同，但在行政管理机构的统一协调下，各部门能够团结协作，为了文化的发展奉献出各自的力量，使文化市场在规范有序的环境下茁壮成长，发扬光大。

文化机构是衡量一个城市文化实力的重要指标。文化机构的分布于人口密度、经济状况等息息相关，能够直接地反映群众的品德素养、精神面貌。清远市自新中国成立后，文化事业蓬勃发展，图书馆和博物馆成为休闲文化的主要场所。清远市教育机构众多，其中小学和普通中学师资力量与机构数量占教育机构的大多数，这与清远市的人口结构比例有很大的关系，再加上清远市人民在高等教育方面的选择机会更多，大部分选择在全国各地的学习接受更高等的教育。从义务教育的角度上看，清远市的小学和初中教育机构为它的普及与推广提供了很好的平台与机会。从招生数量及在校生的数量可以看出，清远市的基础教育工作进行得较好。中等职业技术学校和普通高等学校为清远市人才素质的进一步提高提供了保障，为清远市的人才培养做出了很大的贡献。随着经济的发展，群众对文化的追求日益强烈，社会文化服务也日渐完善，给群众提供了很大的便利。

文化机构在发展的过程中，也在不断地根据需要进行改革。2004年，清远市文化局、广电局、新闻出版局合并设立市文化广电新闻出版局。改革后的出版局任务进行了较大的调整，将管理与执法更加详细化，建立相应的办公室与部门，坚决打击文化犯罪，使办公效率得到进一步提升。管理清远市文化市场综合执法大队、清远市群众艺术馆、清远市图书馆、清远市博物馆、清远市艺术研究室、民歌歌舞团、体育馆、体育学校、体育彩票管理分中心等9个直属单位，对各文化机构起到协调合作的作用，共同为清远市文化建设作出巨大的贡献，提升了服务质量和对外交流的影响力。

四、文化产业与市场

文化产业是在社会发展过程中，当物质基础达到一定水平，文化建设过程中必然出现的一种特殊的文化形态和经济形态，在不同的文化背景下，有不同的定义。文化产业具有一定的时代特性，是建立在时代经济发展的基础上形成的特殊产业。文化产业有别于其他的文化艺术活动，它是以获得经济利益为目的，与经济活动息息相关的文化活动。由于这种特殊的性质，文化产业种类繁多，随着历史的演变而演变。文化产业早在中国的洪荒时代就已经出现，艺术品作为人类最早的个人财富，形成了中国历史上最早的文化产业，随后随着社会的发展和财富的积累，文化产业蓬勃发展。生产力的发展，使得青铜器和玉器也加入了文化产业的行列，夏商西周时期大规模的祭祀、战争等活动，极大地刺激了它们的发展。生产力及社会各方面的进一步发展，形成了各式各样的文化产业，如工艺业、演艺业、建筑雕塑业、书画业、文学业都绽放出它们美丽的花朵，百花齐放的文化产业在历史洪流中大放异彩，特别是在唐宋元明清的盛世时期，人们安居乐业的同时对文化的需求也逐渐增高，刺激了文化产业的大力发展。到了19世纪的中国，电影业、文学出版业也开始发展起来，随着科学技术的发展，唱片业、游乐业、舞厅业、文化传播业等新兴文化产业开始崭露头角，在国民生活中起到的作用越来越大。[①]

近些年，省政府对清远市文化产业的投入略高于其他同级城市。政府的大力支持，使清远市培育形成了文化产品、节会等一大批文化中坚力量，文化与科技、民生融合程度不断提高。文化旅游业、演艺娱乐业、动漫与网络文化产业等都得到了飞速发展。例如，广州—韶关的古（驿）道

---

① 李向民. 中国文化产业史[M]. 长沙: 湖南文艺出版社, 2006.

旅游产业带的培育，充分发挥古驿道历史文化资源优势，以资源禀赋基础为发展条件、历史文化资源的活化再利用和区域串接为手段，通过融合协调发展，可以最大程度地利用相关历史文化资源条件，最终形成产业带。

总之，清远市是一个历史文化资源丰厚、自然环境优渥、民风习俗迥异的多民族城市，经过岁月长河的积累，清远留下了很多宝贵的文化遗产，形成了各具特色的观念信仰与生活方式，是历史留给我们的宝贵财富。历史是文化的载体，推进中华优秀传统文化的传承与教育，离不开历史学科。尤其是高中阶段的历史教育，对增强学生对中华优秀传统文化的理性认识和文化自信，具有重要的意义。清远市的地域文化为高中历史教学提供了丰富的教育内容，有效促进了历史核心素养的培育。

附录二　清远市梓琛中学地域文化视野课程选编——客家文化

（一）客家文化

客家文化是客家人共同创造的文化，包括客家语、戏剧、音乐、舞蹈、工艺、民俗、建筑、人文、饮食等方面。客家文化是中国南方文化的重要组成部分，也是华夏汉族文化中独特而又不可多得的瑰宝。客家人极力地保留着自己独具魅力的文化，使客家文化既传承了中华民族优秀的汉族文化，又与时俱进地创造出了丰富多彩的文化。

随着中国经济的快速发展和外来文化的不断冲击，使得中国优秀传统文化开始被人们所忽略，其中也包括客家文化。同学们，作为中华子孙的我们，应该主动学习、弘扬和保护渐行渐远的客家文化。

本课程共八章，内容主要有：客家起源、客家人口分布和迁移、客家民居、客家美食、客家山歌、客家童谣、客家习俗、客家文化的传承和保护等内容。

第一章　客家起源、人口分布和迁移

一、课程目标

了解客家起源、客家人口分布和客家人的迁移历史。客家迁移史是汉族史的重要部分，很好地诠释了中华民族优秀传统，形成客家精神，在中国的历史上留下了重重一笔。了解客家迁移史能让我们清晰地了解民族文化发展和融合的状况，增强学生的民族自豪感，对加强民族凝聚力起到作用。

二、课程内容

1. 了解客家起源地
2. 了解客家人口分布和客家人的迁移历史

三、教学准备

1. 收集客家起源和人口分布和客家人的迁移历史的资料
2. 要求是客家人的学生回家了解收集其家族迁移历史
3. 调查问卷

四、教学过程

1. 调查问卷
2. 课堂上叫几名客家人学生把回家收集到的其家族的迁移历史讲解出来，其他同学认真倾听
3. 教师师把课前准备关于客家起源、客家人口分布何客家人的迁移历史的课件向学生认真讲解，并对学生所陈述家族迁移历史进行总结

五、课后作业

回家观看大型纪录片《大迁移》，下一节课分享观后感

六、知识链接

关于梓琛中学学生对客家文化了解的问卷调查

（　　）1. 您是客家人吗？

  A. 是　　　　　　　　B. 否

（　　）2. 您对客家文化了解吗？

  A. 完全不了解　　　B. 了解一些　　　C. 非常了解

（　　）3. 您是否有兴趣了解客家文化？

  A. 没有　　　　　　B. 有了解的意愿　　C. 非常想要了解

（　　）4. 您是通过哪些渠道获取客家文化的？（可多选）

  A. 电视　　　　　　B. 网络　　　　　　C. 图书

  D. 家人　　　　　　E. 博物馆　　　　　F. 其他

（　　）5. 您知道客家人主要分布在哪些地方吗？

  A. 赣南、闽西、粤东

  B. 赣南、粤西、东北

C. 华南、闽西、粤东

( ) 6. 请问您对客家文化的哪些方面比较感兴趣？（可多选）
　　A. 客家话　　　　　B. 客家传统建筑　　C. 客家美食
　　D. 客家人迁徙　　　E. 客家山歌　　　　F. 客家精神

( ) 7. 你想学习客家话、客家童谣和客家山歌吗？
　　A. 想　　　　　　　B. 不想　　　　　　C. 看情况

( ) 8. 寒暑假有没有兴趣到客家山区旅游，了解当地的客家文化？
　　A. 很感兴趣　　　　B. 没兴趣

( ) 9. 您觉得现在的客家文化现状如何？
　　A. 具有强大的生命力　B. 日渐衰落　　　　C. 说不清

( ) 10. 在城市化的过程中，有必要保护和传承客家文化吗？
　　A. 有必要　　　　　B. 没必要　　　　　C. 无所谓

11. 在校本课程的《客家文化》课中，您最想学的内容有哪些？（可多写）

第二章　客家话

一、课程目标

1. 让学生了解客家话及历史
2. 激发学生学习讲客家话的兴趣，能用客家话进行交流

二、课程内容

1. 客家话是中国七大方言之一
2. 进行客家话水平测试，了解学生讲客家话的人数
3. 学习客家话。

三、课前准备

1. 准备好2017年客家话初级认证全国统一考试客家话等级考试题
2. 了解班里讲客家话的学生的人数

四、教学过程

◎用二十分钟进行客家话水平测试

2017年客家话初级认证全国统一考试
客家话等级考试题

I. 选择题（每题3分共36分）

1. 客家话第一人称是什么？（   ）
   A. 俺　　　　B. 我　　　　C. 捱　　　　D. I

2. 客家话"生镥"的意思是？（   ）
   A. 生气　　　B. 生性耿直　　C. 起火　　　D. 生锈
   E. 生性鲁莽

3. 客家话一般是怎么说"洗澡"的？以下最正确的答案是（   ）
   A. 洗水　　　B. 冲凉　　　C. 洗白白　　　D. 洗身

4. 客家话"打粗"是什么意思？（   ）
   A. 胃口好，饭量大　　　　B. 长得很粗鲁
   C. 胳膊的肉很结实　　　　D. 大腿肌肉结实

5. 客家话"姐婆"的意思是？（   ）
   A. 姐姐的家婆　　B. 奶奶　　C. 外婆　　　D. 巫婆
   E. 邻家奶奶

6. 对母亲的客家话称唿，对的是？（   ）
   A. 阿嬷　　　B. 阿娌　　　C. 阿娘　　　D. 啊哩
   E. 阿咩

7. 客家话一般感谢对方时怎么说？（   ）
   A. 多谢你　　　　　　　　B. 承蒙你
   C. 恁仔细　　　　　　　　D. 好得你/好彩有你

8. "天光日"客译普为？（   ）
   A. 后天　　　B. 昨天　　　C. 明天　　　D. 白天
   E. 早晨

9. 客家话"打靶鬼"的意思，最接近的是？（5分）（   ）
   A. 被戏谑的人　　　　　　B. 该死的家伙

C. 被枪毙了的人　　　　　　　　D. 被枪毙了的人变成的鬼

E. 屠夫（行刑者）

10. "生乖"是指下面的哪一种？（　　）

　　A. 公鸡　　　　B. 乌鸡　　　　C. 母鸡　　　　D. 小鸡

　　E. 还没煮的鸡

11. 客家地区很常见的一种生物，用客家话叫作"滑哥"，指？（　　）

　　A. 四脚蛇，小蜥蜴　　　　　　B. 壁虎，小晰踢

　　C. 眼镜蛇　　　　　　　　　　D. 南蛇

　　E. 泥鳅

12. 客家话单词中"细妹"与"妹仔"的意思，最符合的是。（5分）（　　）

　　A. 分别是"小妹"与"妹子"的意思

　　B. "细妹"是"妹仔"的姐姐

　　C. "细妹"和"妹仔"是双胞胎姐妹

　　D. "细妹"＝"妹仔"，指"女孩子"

　　E. "细妹"指小女孩，"妹仔"指大姑娘

Ⅱ. 连线题（每题2分共20分）（选择意思接近的对应编号进行连线）

13. A. 添忘　　　　　　　　　　14. a. 儿子

　　B. 装多一碗　　　　　　　　　 b. 游泳

　　C. 先理　　　　　　　　　　　 c. 再来一碗

　　D. 手壶仔　　　　　　　　　　 d. 拖拉机

　　E. 洗身里　　　　　　　　　　 e. 忘记

　　F. 赖里　　　　　　　　　　　 f. 生意

　　G. 头拿壳　　　　　　　　　　 g. 手掌

　　H. 手巴掌　　　　　　　　　　 h. 母鸡

　　I. 乖嘛　　　　　　　　　　　 i. 生气

　　J. 火气着　　　　　　　　　　 j. 头

III. 阅读理解（每题5分20分）

（阅读下面短文，回答15-18题）

在一个凉爽个朝晨头，捱币等脚锄，款等粪机，戴等笠麻，来到田博，锄田博，干田水，作田缺，唔小心奔胡琪搭啊到，涯就虚惊，脚锄一榷，尽喊救命，冇人国到捱！

到正月头捱东狮头去拜年。行到一座新屋介屋侧角，捱话系大户人家！作力尽打！俺久都毛人出来，捱行落D背去一看。到出来乱骂：打靶鬼，屎缸做老暗靓！

15. 根据文中给出的信息，可判断主人公的身份是？（　　）
   A. 工人　　　B. 商人　　　C. 水利家　　　D. 农民

16. 第一段，第二行中的"胡琪"与下列哪种动物意思相同？（　　）
   A. 水蛭　　　B. 水蛇　　　C. 蚯蚓　　　D. 青蛙

17. "捱东狮头去拜年……作力尽打……"，正确理解这段意思（　　）
   A. 主人公一个人去亲戚家拜年。
   B. 主人公牵着头狮子去拜年。
   C. 狮头在文中是个人名。
   D. 主人公参加了醒狮队，舞着狮子去拜年。

18. 下面给出的句子中，哪句是正确的？（　　）
   A. 主人公在一个凉爽的傍晚去兴修水利。
   B. 主人公遇到意外时表现得很冷静。
   C. 主人公在拜年的时候误入了厕所。
   D. 主人公是位斯文人，人缘好。

IV. 翻译（24分）

19. 畚箕瞅你，日夜喊等你看书就唔看，牛吾去掌，饭唔煮，水也唔暖；一日到暗，钓拐子，收雕斗，捉老蟹，洗冷水身，转摆你就知死罗。（客家话译普通话）

昨夜着凉感冒，清晨头痛身麻，针药无效，食味无甘，苦不堪言，几乎要了我半条命。（普通话译客家话）

◎现场检查大家这次测试的成绩。
◎让讲客家话的同学一起配合老师讲评这份试题，大家一起学讲客家话。

五、课后作业

　　利用课外时间多向讲客家话的同学学习讲客家话。有机会的话，还可到客家地区旅游、生活。

六、知识链接

◎梅州客家话小品《招工》
http://video.eastday.com/a/170604174003004700208.html?qid=

第三章　客家精神

一、课程目标

　　了解客家精神的内涵和价值观，通过对客家精神的学习并结合校园文化建设，将优秀客家文化引进校园，让学生了解灿烂的客家文化，学习吃苦耐劳、开拓进取、崇先报本、和衷共济的客家精神，从而使学生继承优良的传统美德。

二、课程内容

　　1. 全面了解客家精神的内涵，找出对高中生现阶段学习生活影响较大的主要客家精神
　　2. 搜查和整理客家精神形成的历史背景，追本溯源
　　3. 学生讨论讨论今后如何传承客家传统和弘扬客家精神

三、课前准备

　　1. 把学生分为A、B、C三个学习小组
　　2. 教师课前收集与客家精神有关的文献资料和背景故事
　　3. 教师为学生准备一份表格以便学生体会客家精神的精髓，同时让学生探讨出一套传承客家精神的方案

四、教学过程

1. 教师通过讲述客家历史上客家先民的迁徙史，引出了客家精神就是在这一千多年的艰难历程中逐步地形成和发展起来的。教师用幻灯片展示社会上相对比较认可的客家精神的相关内涵，让学生筛选出三个比较符合中学生的客家精神，然后全班分为三个小组学习。

2. 教师展示课前收集的民族意识的客家精神，展示了相关的历史事迹，最后教师表达了自己对国家民族富强的美好愿望。三个小组针对自己选择的一个客家精神为主题，迅速查阅资料，收集并整理。

3. 小组代表展示客家精神的内涵，客家精神的形成过程以及客家精神传承方式。

4. 教师进行补充与延伸。

五、课后作业

1. 收集和传唱客家精神相关歌谣，录制交由学校广播站推介
2. 小组完成客家精神的手抄报

六、知识链接

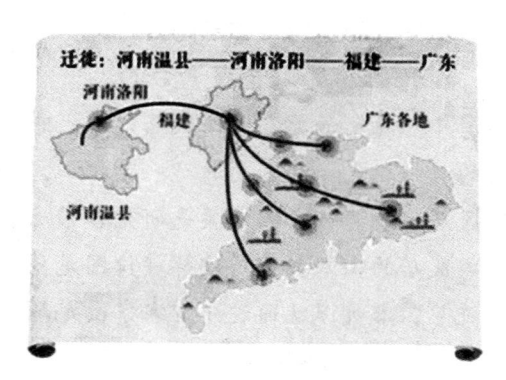

粤东北—粤北客家文化区

本区据有粤东北和粤北，是广东省占地面积最广的一个文化区，包括梅江、东江和北江流域，基本上为客家方言覆盖地区。本区内交错分布着非客家汉语和少数民族语言区，但它们作为语言板块或方言岛、深受客家方言影响，多数可以相互通话，文化上共同性也比较多，故仍可视作同一个文化区。

客家文化发生于山区，一则广东山区自然和人文条件复杂多样，地区差异大；二则客家文化在各地发生早晚，景观类型和发展水平也不一样，所以在共同文化特质的前提下，仍有一定区域差异，据此可分梅州客家文化核心区、东江客家文化亚区和粤北客家文化亚区三大部分，组成客家文化在广东的空间体系。

客家文化源头虽在中原，但自进入岭南后，与当地自然和社会环境相感应，在许多方面发生变异，形成独特的文化景观和文化风格，在精神文化方面，除形成客家方言和读书求知的社会风气以外，还保持着极浓厚的家族观念、宗法观念和传统道德观念，在艰苦创业环境中培养起来的客家人自信自强、克勤克俭的性格和风尚。

粤北客家文化亚区

本区包括北江及其交流连江、帧江、武江、筋江和浈江等流域覆盖地区，含南雄、始兴、翁源、仁化、乐昌、曲江、韶关、英德、清远、乳源、连县、阳山、连山、连南、佛岗、新丰、从化等县市，是客家文化在广东省占地最广的一个文化亚区。

第四章 客家民居

一、课程目标

围龙屋一种富有中原特色的典型客家民居建筑，它与北京的四合院，山西的窑洞，广西的"杆栏式"和云南的"一颗印"，合称为我国最具乡土风情的五大传统民居建筑。客家围龙屋是研究客家历史的活化石，日本早稻田大学研究中国民居的山本教授是这样评价围龙屋的——"东方古罗马，建筑史上的奇迹"，本节课就通过介绍客家围龙屋，让学生了解客家的建筑文化以及在建筑中蕴含的客家文化。

二、课程内容

1. 认识客家围龙屋的外观、特点

2. 了解客家围龙屋的种类以及各类型围龙屋的异同

3. 掌握客家围龙屋的内部结构

4. 掌握客家围龙屋的文化内涵

三、课前准备

知识擂台赛的题目

四、教学过程

1. 新课导入

在讲授新课之前，先让学生观看几幅不同类型的客家围龙屋的图片，以此来激发学生的好奇心和学习热情。

圆形土楼　　　　　　半圆形围龙屋　　　　　　方楼

2. 新课教学

在欣赏完客家围龙屋的图片后，以PPT展示的形式，以福建永定土楼为例，向学生讲述客家围龙屋的外观特点、内部结构、文化内涵及其历史背景等内容，其中主要以图像与文字相结合的方式，使教学内容直观、易懂。

3. 课堂小结

在讲述完新课内容后，通过列点归纳的方式，将前面所讲的知识点做一个总结，使授课内容得到升华。

4. 知识擂台赛

①客家土楼的发源地是（　　　）

A. 福建省漳州市　　　B. 福建省龙岩市　　　C. 福建省厦门市

②福建（永定）土楼主要包括四种类型：_____、_____、_____、_____。

③客家土楼主要建筑用材是（　　　）

A. 粘细红土　　　　　B. 细河沙　　　　　　C. 淤泥

④圆形土楼底层、二层不开窗，底层为厨房、餐厅，二层为（　　　），三、四层为卧室。

⑤客家永定承启楼拥有384个房间，最多时曾住过800多人，这种"聚

族而居"的生活体现了客家人什么精神？

⑥"福建土楼"于____年____月____日在加拿大魁北克城举行的第____届世界遗产大会上，被正式列入《世界遗产名录》，成为我国第____处世界遗产地。

⑦1986年4月，我国邮电部发行一组中国民居系列邮票，其中把____楼当作福建民居的代表，邮票面值____元。

第五章　客家美食

一、课程目标

1.让学生了解客家人的饮食文化，美食的历史、种类和制作方法

2.激发学生继承和创新民族饮食文化传统，弘扬民族精神，培养爱国主义情怀，体会美好生活的情趣

二、课程内容

1.了解有关客家美食的历史

2.欣赏品尝客家的美食

三、课前准备

1. 搜集各种客家美食图片（例如：酿豆腐、酿苦瓜、黄元米果，盐焗鸡等）

2. 教师收集一些传统客家美食制作过程的录像或图片做成多媒体课件

3. 学生从家里带来一些客家美食或特产

四、活动过程

◎赏客家美食

同学们，在座的同学很多是客家人的后代，我们的客家祖先非常聪明和勤劳，发明了许多劳动工具和生活用品；还做出了许多别的地方没有的美食。那么，让我们来欣赏这些美食。

腌面、腌粉的味道做得很好，是用蒜蓉粒、油、葱花、酱油等配料调的，恰到好处。客家腌面不仅是梅州特色小吃，也成为海外客家人思乡的眷恋。

酿苦瓜也是一种非常好吃的小吃，咸鲜适中只有一点点的苦，嫩嫩的、脆脆的，清淡爽口。

梅菜扣肉是客家地区非常有名的食品之一，吃起来又甜又香，美味无比，老少皆宜。梅菜扣肉，我们常称之烧白，因地域不同而名字颇多，其特点在于颜色酱红油亮，汤汁黏稠鲜美，扣肉滑溜醇香，肥而不腻，食之软烂醇香。当你咀嚼一块、满嘴流油的时候，你会感觉它一点不肥腻。梅菜吸油，五花肉又会带着梅菜的清香，松仁的醇香，梅菜、松仁和肥五花肉的搭配真的可以说是恰到好处。

逢年过节家家户户少不了要做角子。先把芝麻、花生、白糖、椰蓉捣成干馅放在碗里备用，把一定比例的面粉、鸡蛋、白糖、猪油加入少许水不断搅拌，再用面杖压成饺子皮样（与北方包饺子相似），把干馅放入面皮捏成饺子样放入油锅炸熟捞起，待冷却后装入坛里避免受潮、密封起来，待节日时启用。油果和麻花是事先把搅拌好的米粉捏成长条形和圆形，其油炸做法和装坛过程与角子相同。

客家黄酒又称娘酒、糯米酒、月子酒，客家黄酒是客家人独有的民间传统发酵型米酒，是用糯米纯手工制作而成，客家黄酒中含有大量糖分、有机酸、氨基酸和丰富的维生素，具有较高的营养价值。糯米具有暖脾胃、止虚寒、收自汗、补中益气功效，而糯米酿酒则甘甜、温润，能健脾行气，补血驱寒。客家黄酒度数较低，口味香甜，适当饮用有助增进食欲、帮助消化及消除疲劳、活血健体等，尤其对女性美容养颜、产后补身、调经止痛，中老年人舒筋活血、补气补血有一定功效，也是日常配菜很好的佐料。

◎品客家美食学生向同伴介绍自己带来的实物——客家美食。

五、课后作业

在家里尝试着去做几份客家美食。有机会的话，还可到客家地区旅游，品尝各种客家美食。

六、知识链接

◎梅州的客家美食欣赏。

https://mp.weixin.qq.com/s/pJ6aG978bJCvVzdrsfrFCw

◎寻味客家，CCTV推荐舌尖上的客家美食。

https://v.youku.com/v_show/id_XMjk5NzMzMzc3Mg==.html

第六章 客家习俗、节日

一、课程目标

1. 了解客家习俗、节日的特点及由来

2. 将客家习俗节日的精髓——客家精神有机地融入课堂，使学生传承并发扬客家人优秀的品格精神

二、课程内容

1. 收集客家的习俗主要有哪些

2. 搜查和整理客家节日有哪些

3. 各个节日或者习俗它们的由来以及意义是什么

4. 我们现代应该怎么样继承或发扬其中的优良传统美德

三、课前准备

1. 把学生分为8个学习小组

2. 提前布置同学收集客家习俗、节日的资料

3. 老师收集一些客家的习俗、节日的资料、照片。了解班里面的客家的同学都有哪些

四、活动过程

1. 根据老师提前布置的8个小组，每组分别用3分钟的时间来展示各个小组收集的客家的习俗、节日有哪些

2. 老师根据学生的展示和自己的准备，总结习俗和节日各有哪些，列出目录

3. 大家根据自己收集的材料，分组讨论每个节日的由来以及它代表的意义是什么

4. 教师进行梳理和总结

5. 教师将其由来与意义加到前面的目录中去，形成表格

6. 以头脑风暴的形式，讨论我们现代应该怎么样继承或发扬客家的习俗、节日以及他们所代表的优良传统美德

五、课后作业

1. 列举一个客家习俗以及它的意义

2. 你认为最应该传承的是客家习俗或节日的哪一种，说明原因

第七章　客家山歌和客家童谣

一、课程目标

1. 通过学习客家山歌和客家童谣，传承客家文化
2. 通过传唱客家童谣，激发学生对客家文化的喜爱

二、课程内容

1. 了解客家山歌和客家童谣
2. 师生共同欣赏客家山歌、客家童谣
3. 师生传唱客家童谣

三、课前准备

1. 分8个小组，每个小组搜集1首客家山歌
2. 派一个学生代表学习《月光光》客家童谣

四、教学过程

1. "客家山歌"起源

客家山歌是中国民歌体裁中山歌类的一种，被称为有《诗经》遗风的天籁之音，自唐代始，已有一千多年的历史。用客家方言演唱，故称"客家山歌"。客家山歌主要流行于它主要流传于梅州、紫金、博罗、惠州、赣州、汀州各市、县和台湾的苗栗、新竹、桃园等地及国内外客家人聚居地。客家山歌的内容广泛，语言朴素生动。歌词善用比兴，韵脚齐整。歌词句式为7字4句，每句为"2、2、3"的组合。词曲不固定，一般都是即兴编唱。可以一曲多词，反复演唱。经过不断发展，客家山歌吸引了世人的目光。

2. 客家山歌欣赏

8个班分为8个小组，每组分别派2个代表到多媒体平台上面播放小组收集的客家山歌，并谈谈对自己小组选取山歌的认识和了解。

3. 客家童谣起源

客家童谣是中国民间童谣的重要分支，也是中国传统乡土民间文化的杰出代表。客家童谣以客家话为创作、演唱语言，广泛传播于国内及海外客家地区。

客家童谣取材于客家地区的日常生活物事，形式多样、语言活泼、

易于上口、贴近生活、变化多端。几乎所有客家分布地区都有传唱客家童谣，各个地区的客家童谣既有相同之处，又各具特色。

4. 客家童谣欣赏

播放经典客家童谣《月光光》《阿妹妹》

5. 传唱客家童谣

学生代表到讲台教同学们传唱《月光光》，唤醒自己对童年的回忆。

五、课后作业

通过网络或者书籍收集传承和保护客家文化的方法

六、知识链接

《月光光》歌曲

月光光，秀才郎，

骑白马，过莲塘，

莲塘背，种韭菜，

韭菜花，结亲家，

亲家门口一张塘，

钓条鲤𫚉八尺长，

鲤𫚉尾拿来食，

鲤𫚉头拿来尝，

栋心拿来娶新娘。

第八章　客家文化传承与保护

一、课程目标

通过一学期对客家文化的学习，同学们认识到客家文化是中华文化的一部分，但随着时代的发展，客家文化也渐行渐远。本节课主要是集师生的智慧，弘扬客家文化，传承客家精神，让客家文化在传承中发展，在保护中创新。

二、课程内容

1. 了解被评为物质和非物质文化遗产的客家文化

2. 传承和保护客家文化的方法

三、课前准备

1. 以班为代表分成8组，每组选出组长

2. 制作8张卡纸（卡纸上写上传承和保护）

3. 学生代表准备10个客家话的短语和10个句子

四、教学过程

1. 客家文化遗产名录

教师课堂展示一些客家文化的遗产名录：

2006年，梅州客家山歌——国家级非物质文化遗产

2016年，赣南采茶戏——国家级非物质文化遗产

2014年，客家古文戏剧——国家级非物质文化遗产

2008年，福建永定土楼——世界物质文化遗产

2006年，闽西十番音乐——国家级非物质文化遗产

2008年，梅州席狮舞——国家级非物质文化遗产

2006年，惠州花朝戏——国家级非物质文化遗产

2. 教师列举客家文化传承的方法

①播放视频"闽西十番音乐"，闽西客家十番音乐的传承方法：成立音乐协会。

②客家话听力之旅，记住乡音活动：学生代表到讲台用客家话读短语和句子，让同学们翻译成中文。传承的方法：口头传承。

3. 传承和保护客家文化的方法

①以小组为单位思考传承和保护客家文化的方法

②把方法写在卡纸上

③小组到讲台分享

④老师点评

五、教学反思

六、知识链接

【梅州客家话听力之旅】

1. 尚学如梓，立德如琛

2. 梅州客家围龙屋

3. 客家人口迁移

4. 梅州客家山歌

5. 闽西十番音乐

6. 惠州花朝戏

7. 客家妇女

8. 外公外婆

9. 泥鳅

10. 多子多福

1. 你是客家人吗?

2. 你对客家文化感兴趣吗?

3. 欢迎老师们前来梓琛中学听课。

4. 叶剑英元帅是客家人。

5. 端午节我们一起去看龙舟比赛

6. 暑假一起去参观永定土楼

7. 期末考试快到了,我们应该早点回课室自习。

8. 晚修要把握好时间,不要浪费时间

9. 我们的校园很美丽。

10. 我们每天下午都去锻炼身体。

附录三　清远市清城区石角镇村落乡土文化研学

一、清远市梓琛中学社区研学课程方案

第一条　以《国家中长期教育改革和发展规划纲要》《基础教育课程改革纲要》《关于推进中小学生研学旅行的意见》（教基一〔2016〕8号）为指导，落实立德树人的根本任务，积极践行社会主义核心价值观，结合清远历史、人文、自然、科技、工农业、地理特色等，创建社区远足研学"梓琛模式"，将研学课程落到实处。

第二条　课程内容

1. 红色革命传统。利用丰富的红色旅游资源，开展革命传统教育，并依据学生的年龄特点、学科特点和教育培养重点，结合开展各种主题研学教育活动，如爱国主义教育、励志远足、爱心公益、安全演练、环境保护、志愿服务、缅怀革命先烈等专题研学，达到实践体验教育、提升综合素质的目的。

2. 祖国美好河山。以特殊地区地理、地形、地貌考察，特殊地区动物、植物、生态专题探究为主线，让学生用双手去触摸，用眼睛去观察，用智慧去思考，了解独具特色的地理文化，体验家乡的风土人情等，激发他们热爱祖国、热爱家乡、热爱自然、热爱生活的情感。

3. 传统历史文化。学校各学科组结合本土丰富的人文资源，体验非遗文化、民俗文化、地域文化、历史文化、建筑文化等，让学生在与平常不同的生活中丰富知识，树立正确的文化观念。同时，还可开展与市内外友好学校交流互访等，领略不同地方的文化，开阔视野，提升文化修养。

4. 现代科技发展。在研学活动中，通过考察科技馆、博物馆、高新产业园区企业等，探究科学技术在生活、生产实践和科学实践领域的应用；

通过考察环境保护、生态建设、风力和水力发电等新能源的开发和利用，以及纳米技术、灾害预报等，利用身边的科学激发学生对科技探究的兴趣，培养学生科技实践创新能力。

5.时代社会变迁。通过研学旅行活动，深入企业、农村、军营等部门了解当前存在的现实问题，如交通、卫生、网络、饮食、自然保护以及人口老龄化、就业压力、就医入学等现实状况，让学生体会到经济社会发展给城市带来的变化，感受城市与乡村、传统与现代的变迁，从而增强社会角色体验，培养学生的社会责任感。

第三条　实施要求

1.目标明确。研学旅行课程设计要充分考虑课程目标的科学性和实践性原则，注重课程设计的多样性，设计目标明确的课程套餐，为学生的未来发展奠定基础。

2.主题突出。研学旅行课程设计要充分以学生发展为本，突出学生的主体性，设计有利于学生体验、探究和实践的课程。课程设计要有明确的主题，并根据主题提炼活动口号、活动理念，制定活动方案。

3.组织有力。建立研学旅行校本课程开发与实施领导小组，精心挑选责任心强、有组织协调能力的学校管理人员和教师作为活动小组成员。根据要求明确分工，分别负责课程建设、课程实施、安全组织、现场协调、后勤保障等，加强活动前培训和活动后考核评价。

4.积极参与。要发动学生积极参与研学旅行活动，做好舆论宣传和思想动员工作。在组织社区研学前，召开学生会议和家长会议等，征得家长和学生支持，公布活动详细计划及费用标准，费用收取和支出公开、透明。

5.管理统一。研学根本目的是为了让学生接触社会和自然，在体验中学习和锻炼，培养学生刻苦学习、自理自立、互勉互助、艰苦朴素、吃苦耐劳的优秀品质。社区研学如需超过一天，在活动中要做到食、住、行统一，研学期间安排集体住宿、集体就餐、集体学习等活动，杜绝铺张浪费。

6.安全第一。各年级、科组、班级等在组织开展研学活动前，要针对活动内容对学生进行安全专题教育，完善安全保障措施，制定安全应急预案，安全应急预案中要有详细的安全保障措施和安全责任报告制度，把活动中可能发生的安全风险告知学生和家长。

7. 注重过程。学校相关管理部门要明确分工，细化要求，强化过程管理。学校研学领导小组要对吃、住、行等细节进行评估，并及时反馈做出适当调整。学校要加强对参与服务的旅行社或承办企业（机构）承诺落实情况的监督，带队教师、医护人员、旅行社研学导师要全程随团活动。如需使用交通工具，每车至少安排2名教师和1名旅行社导游。

第四条　课程评价

1. 目标检测。对照课程目标，以学生活动为主体，结合学生在研学过程中的表现，如情感态度价值观、积极性、参与情况等，可分等级记录在案，作为综合素质评价的依据。

2. 过程管理。按照活动小组的分工要求，对活动组织的各个实施环节对照实施标准进行检测，并根据活动完成情况，对教师工作的有效性进行过程评估，为课程建设的可持续发展注入活力。

3. 成果评价。重视活动成果的评比，以活动作品、摄影评比等方式呈现，评比优秀者记入学生成长记录袋中，其结果纳入综合素质评价体系。

二、石角镇村落乡土文化研学

文化是民族的血脉，是人民的精神家园。文化自信是更基本、更深沉、更持久的力量。乡村文明作为中华文化的基石，其独一无二的理念、智慧、气度、神韵，增添了中华民族内心深处的自信和自豪。党的十九大报告提出乡村振兴战略，新农村建设一定要走符合农村实际的路子，遵循乡村自身发展规律，充分体现农村特点，注重乡土味道，保留乡村风貌，望得见山，看得见水，记得住乡愁。

新课程改革提出开设研学课程，在相应活动中实现"立德树人"，增强学生综合素质。为推进我校高中阶段研学课程的改革，使其融入学校课程体系，清远市梓琛中学历史科组从《全粤村情清城区（卷三）》一书中，整理出学校属地清城区石角镇下辖部分村落的基本乡情，用于学生开展社区研学活动。

希望同学们通过社区研学调查的方式，走入村落，触摸历史，与村民面对面访谈，了解村落的地理环境、历史沿革、民居宗祠、风俗习惯、文物遗址、掌故传说、历史事件、主要人物、华人华侨与港澳台同胞等众多内容。从村落由来、姓氏源流、家规家训、楹联碑刻、人物故事、风俗习惯、美食特产等承载村落历史文脉和道德风范并能反映村落文化传承的内容中，拓宽视野，培育家国情怀，留住乡愁，留住精神归宿，从而坚定文化自信，实现中华民族伟大复兴的高度，更加自觉、更加主动地推动中华优秀传统文化的传承与发展，为有力增强中华优秀传统文化的凝聚力、影响力、创造力作出积极贡献。

乡土文化研学——石角镇

梓琛中学地处石角镇，是清远市清城区辖镇，位于市境最南部。清康熙中叶在黄布大燕村设石角圩，圩临北江一尖角石头，故名石角，镇因圩名。1959年置石角公社，1986年设镇。2019年，石角镇下辖5个社区、15个行政村：石角社区、城中社区、塘头社区、兴仁社区、美林湖社区、黄布村、南村村、灵洲村、新基村、塘基村、民安村、马头村、石岐村、七星村、田心村、沙坑村、沙步村、界牌村、回岐村、舟山村。

石角镇是"鱼米之乡""三鸟之乡"。石角是驰名省、港、澳的清远鸡、乌鬃鹅产地，红烟、乳鸽、塘鱼、蔗糖、优质粮等均有数量可观的出产。石角镇拥有丰富的旅游资源，如山清水秀的清远假日新世界，具丹霞地貌特征的马头石自然景区，历史悠久的"九厅十八井"以及文笔塔等，这些旅游资源独具特色，使石角成为令人神往的旅游观光胜地。

石角镇是著名的侨乡。刘卫平、李光、梁定犀、钟国荣、李就君、黄鸿等在石角镇旅港同胞中有较高的威望，多次为家乡的文化、教育、卫生事业建设捐资捐物。其中，梁定犀先生捐资近800多万元改建梓琛中学（原广智中学）。

（一）推荐研学村落的资料

1. 石角镇沙步行政村

西一村

西一村，位于石角镇西南部，距镇政府约10千米，是沙步村委会的所在地；始建于明末清初，先祖吴广贤以教书谋生。村口有座两层三间的牌坊"沙步长庚楼"。

西一村现存代表性广府民居18座，三间两廊、青砖瓦木结构，是建于清代的古民居群，每座占地144平方米，素瓦硬山顶，镬耳封火山墙，青砖墙、红阶砖铺地，由正屋和两廊一天井构成。门洞镶嵌花岗岩夹石，天井有水井、铺麻石。该建筑群保存完整，屋主大多已迁居香港。

村中著名文物"瑶亭书舍"，始建于明朝万历年间，历经多次维修，清朝嘉庆甲子年（1804年）吴氏后人获取功名后，为纪念始祖吴广贤，进行大规模重修成现有规模和风格。1911年和2004年又分别进行过重修，总体仍保持明清建筑风格。

吴氏宗祠，始建于清初，重建于1932年，有300年历史，占地面积300平方米，岭南建筑风格，青砖青瓦，砖木结构，三进，大厅设神龛和祭台，祠内多条高大麻石柱子有刻字。宗祠大门有幅书于清初的楹联"教育开沙步，渊源溯水藤"，激励后人传承"崇文重教，不忘祖恩"的情怀。

虎山村

虎山村位于石角镇西南部，距镇政府约12千米，西南接虾岐村，北邻南一、南二村；始建于明初，由开村始祖吴德聪携族人从韶关珠玑巷移居此地谋生，因地名叫虎山，故取名虎山村。

该村现有民居119座，其中传统民居共33座，最早建于20世纪初，均为三间两廊砖瓦木人字顶结构，属广府民居。

吴氏宗祠始建于明末，重修于1937年，为明代古祠堂建筑风格，砖木结构。石刻楹联有吴氏宗祠门口的"虎豹呈文耀，山川献瑞长"，书于1937年。宗祠西侧有一块清朝光绪丙年的"聚源门"石碑。

每年春节，村干部组织春节联欢活动，全村老少欢聚一堂过春节。清明扫墓祭祖活动，不管是外出还是在村的吴氏子孙，到时会相聚一起祭拜祖先；仪式结束后还有聚餐和开会，维系宗亲，商议族中要事。

产妇坐月子时，孩子与成年男人都不准进入其房间。婴儿出生，便用姜葱汤来替其洗擦身体，寓意聪明强壮；婴儿七朝时，亲戚便拿鸡担酒来看月，俗称"担鸡米"；婴儿满月时，要为孩子剃胎发，并取名字，名字不能与命相克，缺水补水，缺火补火。

2. 石角镇七星行政村

油北村

七星油北村位于石角镇东南面，距镇政府约12千米。该村始建于清光绪年，因黄氏族人从花县赤泥迁入而形成，1981年，因村落太大，为方便生产队管理而将村一分为二，取名油北村，曾用名油群村。村区域内有1座水库。

世居村民主要姓氏为黄。黄氏姓氏来源为，清光绪年间，黄氏族人从花县赤泥乌石村迁移至油甘脚，大概1964年前又从油甘脚迁移至本地，其后代在七星油北村繁衍生息，开枝散叶，建设新家园。

该村还保留一本《世兴堂黄氏族谱》，大乌石世兴堂父老会于2013年纂修，族谱分为四部分介绍，分别为：大乌石村黄氏族谱；大乌石村黄氏房谱；原载世系；大乌石村黄氏人物录。

该村老一辈的人津津乐道的是官道桥传说。村口有一条长1米、宽40分米的古桥，原名"官道桥"，传说这一古桥是专门修给当时做官的人专属的过桥，因而起名，后人为了能升官发财，也常走走这一古桥，沾沾福气。

宋屋村

七星宋屋村，位于石角镇东南面，落于低缓丘陵地带，距镇政府约12千米，始建于清光绪年。因宋氏族人从七星宋屋村搬入而形成，取名宋屋村。

世居村民主要姓氏为宋。清光绪年，宋氏族人从广东梅县五华迁移至广东花县，清光绪年从广东花县迁移至本地，其后代在宋屋村繁衍生息，开枝散叶，建设新家园。

该村传统民居有10座，为广府民居。其中代表性民居现存10座，为青砖木瓦房，建于民国年间，总共大约占地面积148平方米，三间两廊布局，主要建筑特色为入门为天井，均用麻石砌成，天井两侧为行廊及厨房，正房三间，左右为卧室，厅堂背后以砖分隔为一小卧室。

宋氏宗祠，始建于清光绪年间，占地面积约30平方米。按照一间一廊，一偏一正的岭南风格建造，现仍作宗祠使用。

该村还保留《宋氏族谱》。该族谱由宋氏新恩公文化研究会编撰，分三卷完成，村中每户一套，予以保存。

塘寮村

塘寮村，位于石角镇东南部，距镇政府约13.5千米，始建于清雍正年间。该村坐落于低丘缓坡地带，坐东向西、依岗而建，村后岭上绿树葱郁、风景宜人；村前良田阡陌、绿地如茵，半月池塘映照村容，四周良田与鱼塘环绕，依傍着碧桂园和美林湖社区，临近花兜水库，东有大坑坝河，背靠背虎岭，依山傍水，自然环境非常优越。近有花兜水库、稍远有横坑水库，可供村民引水灌溉田地。

该村世居村民姓氏为王，据《王氏族谱》记载以及村民口述，清嘉庆年间，王氏族人由广东韶关珠玑巷迁入清远市清城区石角镇原大陂头村，到了后来再辗转搬迁到塘寮村，并在此地繁衍生息，开枝散叶，建设美好家园。

村中虽没建有祠堂，亦没撰有族谱，但村民很讲究家族团结精神，一年中有两次以宗族活动形式参与焚香祈祷拜祭神灵，具体时间为春节和清明节。春节期间除了祈祷拜祭外还会燃放鞭炮举行篮球赛、醒狮、武术表演等以此增加欢乐气氛。在清明节的扫墓祭祖活动中，不管是外出还是在村的王氏子孙均集中一起集体祭拜祖先，仪式结束后还有聚餐和开会，共同商议族中要事，传承团结合作精神。

3. 石角镇马头行政村

广昌村

广昌村位于石角镇东北部，距镇政府约10千米，面积约0.84平方千米。据《钟氏族谱》记载，村庄始建于清乾隆三十三年（1768），钟氏振玉公迁徙到此地。在清朝，因村民祖先在石角墟经营一间"广昌店"而得名。

村庄坐落于石角丹霞丘陵与平原相交处，属北江流域大燕河冲积缓坡地带。位于马头石山南麓山脚处，民居坐北向南，村西北有马头石山（俗称"马头山"），溪流自北向南流至远处的北江河。

传统民居共9座，其中代表性民居为"九厅十八井"，现已成为著名的古建筑群。建于清嘉庆二年（1797），面积5932平方米，呈准正方形，建筑特色为模仿北京翰林院式——五列四纵，顺坡而建，坐北朝南，包括主体建筑以及围墙、门楼、习武场、月塘、碉楼等，厅内主体建筑又分为前五、后一路纵横排列的房屋，按照宗族形制布置，采用中轴线对称分布，厅与庭院相互结合，内部处处连通。建筑均作硬山顶或悬山顶，梁枋、斗拱、柁墩、雀替等处雕刻精致华丽，灰塑装饰，画壁雕梁，造型雄伟。

"九厅"即指门楼、下、中、上、楼上、楼下、左花、右花、天厅等九个正向大厅，"十八井"包括五进厅的五井、横屋两直各五井、楼背厅三井。集政、经、居、教于一体。从总体布局来看，体现了客家民居以防御为首的合围形式，建筑风格上又偏重于广府民居和潮汕民居的特色。

村有"子奇钟公祠"，在村落入口处，始建于清乾隆三十三年（1768），1988年修缮。坐北向南，占地面积2500平方米，岭南建筑风格，三间两廊三进布置，青砖绿瓦硬山顶，锅耳风火墙。祠内雕梁画栋，设有出资兴建祠堂的芳名榜，老人娱乐室。祠堂大门两侧有对联："祖庙再造晕飞吉日奉祈国泰，祠堂重修瑰丽良辰适佑民安"。宗祠前面，有万代传颂的两对旗杆石，分别凿刻"道光二十六年丙午科乡试第九名钟得鳌""同治三年甲子科乡试第三十九名钟俊彪"。

该村修有《钟氏族谱》，钟耀基于1996年纂修。钟星业、钟开扬于己丑年重修。重要文献有《九厅十八井》，黄雄章、钟仲兴于2004年纂修。

4.石角镇城中社区居委会

七队村

七队村位于石角镇北部，距离镇中心0.8千米，距镇政府约0.4千米，村域面积0.045平方千米。始建于清道光年间。

村庄坐落于北江沿江地带，地势平坦。本村因其临近北江河，河道砂石资源和非常丰富，自然资源有北江河沙。特色农产品有黄沙蚬、蓝刀鱼、鱼干、沙虾等。传统食品有臭屁醋、白切鸡、碌鹅。

该村现有传统广府民居15座，其中代表性的8座古民居，建于清光绪年间，呈一字直线排列，基本保存清代古民居特色；三间两廊式一天井布局，青砖屋，砖木结构，素瓦硬山顶，人字山墙，碌灰平脊，青砖墙，红阶砖地，侧门镶嵌花岗岩门夹石，天井上有一口水井。

"臭屁醋"是石角镇独特的传统美食，有消暑、开胃、散瘀、解毒、通气、清肝火等功效，长期饮用能延年益寿，村民们对此醋情有独钟。

5. 石角镇兴仁行政村

二队

二队坐落于北江冲积平原地带，位于石角镇东南部，距镇政府11千米；始建于1960年，由石角花兜水库移民而形成，按村落排序，取名二队。

村中于1965年通电，1982年通电话，1998年全部村道实现水泥硬底化，2001年通自来水，2004年建成篮球场、羽毛球场，2005年通互联网，文化室藏书600册。2006年建成休闲健身公园，清洁工上门收集垃圾。

现存广府民居23座，多建于20世纪70年代的三间两廊红砖瓦房，每座占地面积144平方米，前进为厨房、天井、杂物房，后进为四房归厅。

《南塱尾黄氏族谱》由族人黄伙荣于2009年主笔修编，谱牒记有本村黄氏渊源，有《遣子诗》亦称《认祖诗》或《外八句》：骏马登程往异方，任寻胜地立纲常。足离此境非吾境，身在他乡即故乡。朝暮莫忘亲嘱咐，春秋须荐祖宗香。漫云富贵由天定，三七男儿当自强。

生日习俗，形成于清代，旧时29岁前不能做生日，男30岁、女31岁起才可以做寿，叫做：男做齐头女做一；40岁时，男女均不做寿，之后每10年做一次大寿，俗称"大生日"。

（二）×××远足研学实践活动方案（模板）

为了贯彻落实《清远市梓琛中学社区研学课程方案》，进一步丰富学生的课外生活，让学生走进社区，拓展学生学习与发展的渠道，让学生在活动中感知，在活动中交流，在活动中学习，在活动中陶冶情操，促进学生综合素质的全面提高，增强团队合作精神。结合历史学科课程教学，我备课组计划开展第二届"×××"主题的社区远足研学实践活动，现拟定活动方案如下。

一、指导思想

以深入推进高中历史课程改革，提升学生学科核心素养为宗旨，结合学校地处清城区石角镇的地域文化特点，通过组织学生集体远足方式走出校园，走进社区，通过与社区居民、社会百姓生活的接触，通过面对面访谈，触摸历史，了解村落的地理环境、历史沿革、民居宗祠、风俗习惯、文物遗址、掌故传说、历史事件、主要人物、华人华侨与港澳台同胞等众多内容。从中拓宽视野培育学科核心素养，培育家国情怀，从而坚定文化自信。同时增加对集体生活方式和社会公共道德的体验，培养学生的文明意识、集体意识和顽强毅力。

二、活动时间：××年××月××日（星期五）上午9：00（如天气有变，另行通知！）

三、活动形式

以高一年级为单位，徒步行走至石角镇城中社区居委会七队村，进行远足研学体验活动。

四、活动地点：城中社区七队村

五、参加对象：全体高一级师生及部分家长

六：活动路线：（线路图略）全程约2千米

七、组织机构

组　长：

副组长：

组　员：

安全人员：

后勤保障：

八、有关材料准备

1. 研学指南（介绍七队的资料）

2. 致家长的一封信

3. 安全责任承诺书

4. 安全预案

九、活动时间安排

8∶10—8∶30　各班进行卫生清扫。

8∶30—8∶50　各班进行本次活动安全教育，并讲明活动要求。

8∶50—9∶00　各班旗台集合，级长宣布活动开始。

9∶00—9∶40　徒步行走七队村。

10∶00—12∶00　各班各学习小组开展入户访谈。

12∶00—14∶30　各班自主进行午餐（自带）、参观与"保护母亲河"环保活动、素质拓展等活动。

14∶30　集合返校。

十、活动要求

1. 各班利用午自习或班会课对本次远足实践活动进行介绍与动员，并对学生进行专题的活动安全、文明礼仪等教育。

2. 各班组织好队伍，保持好队形，从起点到终点确保始终是以班级为单位整体前进，整体行动，学生不得随意离队。无特殊情况，不要刻意超越其他班级，活动期间一切行动听指挥。

3. 遵守交通规则，注意交通安全；严禁在河边嬉戏打闹；注意食品安全。有事要向班主任老师请假，要以班级为单位活动。

4. 返校后，各班排队回教室，班主任清点人数，进行活动小结，表扬好人好事。

5. 各班尽量带上相机，捕捉活动中的精彩瞬间，留下美好的记忆，并把活动图片上传保存。

6. 各班环保教育活动、素质拓展等活动要做到有准备、有组织、有过程，体现"实践、体验、收获"的宗旨。活动结束后要求每班上交3篇活动体验文章，3张活动照片（本次远足研学旅行实践活动感悟）（电子文稿）。各班以学习小组为单位，根据历史老师的要求，制作提交一份研学手抄报。

参考文献

[1] 王廷科. 谈谈历史教学中的时间概念和空间概念[J]. 历史教学, 1980(06).

[2] [英]科林伍德. 历史的观念[M]. 中国社会科学出版社, 1986.

[3] 皮明勇. 谈谈如何分析史料价值[J]. 历史教学, 1986(11).

[4] 赵吉惠. 历史学方法论[M]. 成都: 四川人民出版社, 1987.

[5] 于友西. 中学历史教学法[M]. 北京: 高等教育出版社, 1988.

[6] 赵恒烈. 历史教育学[M]. 石家庄: 河北教育出版社, 1989.

[7] 罗荣渠. 论一元多线历史发展观[J]. 历史研究, 1989(01).

[8] 廖盖隆. 马克思主义百科要览上卷[M]. 北京: 人民日报出版社, 1992.

[9] 于友西等. 历史学科教育学[M]. 北京: 首都师范大学出版社, 1999.

[10] 叶汝贤. 马克思的唯物史观[M]. 广州: 广东高等教育出版社, 2000.

[11] 李良玉. 史料学片论[J]. 福建论坛(文史哲版), 2000(05).

[12] 陈华文. 文化学概论[M]. 上海: 上海文艺出版社, 2001.

[13] 梁仁化. 课程改革与人文教育[J]. 中学历史教学参考, 2002(05).

[14] 齐健, 赵亚夫. 历史教育价值论[M]. 北京: 高等教育出版社, 2003.

[15] 郭小凌. 论唯物史观及其历史命运[J]. 史学理论研究. 2003, 01.

[16] 赵亚夫. 公民教育: 新时期历史教育的重要功能[J]. 中学历史教学参考, 2003(04).

[17] 聂幼犁, 於以传. 历史课程研究性学习理论与目标纲要(讨论稿)[J]. 历史教学, 2003(04).

[18] 傅斯年. 史学方法导论[M]. 北京: 中国人民大学出版社, 2004.

[19] 温端政. "中国俗语大全"前言[J]. 语文研究, 2004(02).

[20] 王祥. 试论地域、地域文化与文学[J]. 社会科学辑刊, 2004(04).

[21] 姬秉新, 李稚勇, 赵亚夫. 理解与实践高中历史新课程——与高中历史教师的对话[M]. 北京: 高等教育出版社. 2005.

[22] 于沛. 全球史观和中国史学断想[J]. 学术研究, 2005(01).

[23] 刘万伦. 建构主义教学思想及其在我国的本土化问题[J] 比较教育研究, 2005(07).

[24] 程美宝. 地域文化与国家认同——晚清以来广东文化观的形成[M]. 北京: 生活·读书·新知三联书店, 2006.

[25] 张文生. 李大钊史学思想研究[M]. 北京: 中国社会科学出版社, 2006.

[26] 李向民. 中国文化产业史[M]. 长沙: 湖南文艺出版社, 2006.

[27] 李剑鸣. 历史学家的修养与技艺[M]. 上海: 上海三联书店, 2007.

[28] 董根明. 陈独秀与近代中国[M]. 合肥: 合肥工业大学出版社, 2007.

[29] 任鹏杰. 历史教育[J]. 中学历史教学参考, 2007(03).

[30] 陈志刚, 郭艳红. 从历史学科特点析历史教学的本质[J]. 淮北煤炭师范学院院报, 2007(03).

[31] 李振宏, 刘克辉. 历史学的理论与方法[M]. 郑州: 河南大学出版社, 2008.

[35] 龙迪勇. 历史叙事的空间基础[J]. 思想战线, 2009(05).

[36] 何成刚等. 智慧课堂: 史料教学中的方法与策略[M]. 北京: 北京师范大学出版社, 2010.

[37] 何炳松. 通史新义[M]. 长沙: 岳麓书社, 2010.

[38] 郑永廷主编. 思想政治教育方法论[M]. 北京: 高等教育出版社, 2010.

[39] 陈先钦. 岭南文化视野下的清远地域文化的内涵及特征初探[J]. 清远职业技术学院学报, 2010(03).

[40] 马知遥. 非物质文化遗产保护的田野思考——中国北方民间布老虎现状反思[J]. 民俗研究, 2012(04).

[41] 刘仁坤, 杨亭亭, 王丽娜. 论现代远程教育多元化的学习评价方式[J]. 中国电化教育, 2012(04).

[42] 政协清远市委员会编. 清远历史人物[M]. 广州: 广东人民出版社, 2013.

[43] 冯景源. 唯物史观的形成和发展纲要[M]. 北京: 中央编译出版社, 2014.

[44] 柳夕浪. 从"素质"到"核心素养"——关于培养什么样的人的进一步追问[J]. 教育科学研究, 2014(03).

[45] 苟顺明, 王艳玲. 美国教学专业标准中的"多元文化教育能力标准"评析[J]. 外国教育研究, 2014(03).

[46] 霍力岩, 黄爽. 表现性评价内涵及其相关概念辨析[J]. 西北师大学报(社会科学版), 2015(03).

[47] 褚宏启, 张咏梅、田一. 我国学生的核心素养及其培育[J]. 中小学管理, 2015(09).

[48] 吴明海. 当代多元文化教育思潮历程初探[J]. 民族教育研究, 2015(02).

[49] 马永全. 当代西方多元文化教师教育思想的三种价值取向分析[J]. 外国教育研究, 2015(11).

[50] 林崇德.21世纪学生发展核心素养研究[M]. 北京: 北京师范大学出版社, 2016.

[51] 方军. 制造历史解释的途径: 第一手史料与冲突性问题[J]. 历史教学, 2016(05).

[52] 姜宇, 辛涛, 刘霞, 林崇德. 基于核心素养的教育改革实践途径与策略[J]. 中国教育学刊, 2016(06).

[53] 核心素养研究课题组. 中国学生发展核心素养[J]. 中国教育学刊, 2016, (10).

[54] 张耕华. 释"历史解释"[J]. 中学历史教学参考, 2017(09).

[55] 徐蓝. 关于历史学科核心素养的几个问题[J]. 课程·教材·教法, 2017(10).

[56] 周靖, 罗明. 核心素养: 中学历史学科育人机制研究[M]. 上海: 复旦大学出版社, 2018.

[57] 檀新林, 孙建, 崔莹. 历史"时空观念"学科内涵与教学实践[J]. 历史教学问题, 2018(01).

[58] 陈志刚, 覃玉兰. 历史空间的内涵与空间观念素养的培养[J]. 历史教学(中学版), 2018(02).

[59] 徐继宽. 历史解释的三重境界[J]. 中学历史教学参考, 2018(06).

[60] 方勇. 核心素养视阈下的中学历史教学设计[M]. 上海：上海大学出版社, 2019.

[61] 周婧, 罗明. 核心素养 中学历史学科育人机制研究[M]. 上海：复旦大学出版社, 2019.

[62] 吴英. 在史实的检验中重建唯物史观的解释体系[J]. 上海师范大学学报（哲学社会科学版）, 2019 (06).

[63] 唐作莉. 基于历史学科核心素养的多种史观运用研究——以高中历史教学为中心[J]. 西部学刊, 2019 (19).

[64] 林祥芬. 史料实证素养培养路径探索[J]. 中学历史教学参考, 2019 (04).

[65] 叶少勇. "家国情怀"素养在高中历史教学中的实施途径初探[J]. 黑龙江教育学院学报.2019 (05).

[66] 蔡扬波, 徐承英. 新时代大学生家国情怀教育探析[J]. 观察与思考, 2020 (01).